科学素养怎样教？

一名特级教师的教学笔记

邵锋星 著

教育科学出版社
·北京·

出 版 人　李　东
责任编辑　殷　欢
版式设计　孙欢欢
责任校对　张晓雯
责任印制　叶小峰

图书在版编目（CIP）数据

科学素养怎样教？：一名特级教师的教学笔记／邵锋星著．—北京：教育科学出版社，2021.8（2024.7重印）
ISBN 978-7-5191-2717-6

Ⅰ.①科… Ⅱ.①邵… Ⅲ.①科学知识—教学研究—小学　Ⅳ.①G623.62

中国版本图书馆CIP数据核字（2021）第158515号

科学素养怎样教？——一名特级教师的教学笔记
KEXUE SUYANG ZENYANG JIAO? ——YI MING TEJI JIAOSHI DE JIAOXUE BIJI

出 版 发 行	教育科学出版社			
社　　　址	北京·朝阳区安慧北里安园甲9号	邮　　编	100101	
总编室电话	010-64981290	编辑部电话	010-64981269	
出版部电话	010-64989487	市场部电话	010-64989009	
传　　真	010-64891796	网　　址	http://www.esph.com.cn	
经　　销	各地新华书店			
制　　作	北京金奥都图文制作中心			
印　　刷	唐山玺诚印务有限公司			
开　　本	720毫米×1020毫米　1/16	版　　次	2021年8月第1版	
印　　张	15	印　　次	2024年7月第4次印刷	
字　　数	189千	定　　价	49.80元	

图书出现印装质量问题，本社负责调换。

❋ 章鼎儿
浙江省教育厅教研室原小学科学教研员

科学课程是义务教育阶段一门重要的基础课程。小学科学课程致力于引导学生体验科学探究和实践的过程，学习基本的科学知识和科学方法，并利用所学的科学方法和科学知识初步理解身边的自然现象，解决简单的实际问题，使学生具备基本的科学态度和社会责任感，从而为今后的学习、生活以及终身发展奠定良好的基础。

自20世纪80年代以来，从自然常识课、走向探究的科学课，到基于素养发展的科学课，一大批一线科学教师在平凡的教学岗位上为我国科学教育事业的改革与发展不断深入研究，不断探索实践，邵锋星老师便是其中典型的一位。邵老师执教的研究课，基于学生主体设计、实施探究活动；在《科学课》等杂志，经常会读到邵老师的文章；在四川青川、什邡等地的教师培训中，邵老师除了承担自己的教学任务，还积极给予当地学校及科学老师力所能及的帮助……。这是一位有情怀的校长，是一位有责任感的科学教师。

《科学素养怎样教？——一名特级教师的教学笔记》翔实记录了邵锋星老师对科学素养全面深入的思考与实践。本书聚焦学生科学素养发展目标，重点从基于素养的科学教学、科学概念怎样教、科学探究怎样教、跨学科科学教学怎样做等四个角度阐释了"科学素养怎样教"。内容板块划分清晰，理论与实践结合，相信一定可以让一线科学教师在阅读中获益。

❋ 陈文斌
中国教育学会科学教育分会会刊《科教导刊》杂志[①]执行主编

在以知识为本到以素养为本的教学变革中，邵锋星老师从"关注人的发展"、培养未来公民科学素养的教育目标出发，准确定位科学学科的教育价值，全面、系统地思考科学学科学习内容、学习活动、学习指导的变革。邵老师用先进的理念指导实践，又基于课堂实践展开反思与研究，致力于从多角度探索和解决科学

---

① 原《湖北教育（科学课）》杂志，2021年更名为《科教导刊》。

教学中的疑难和困惑。正是因为对科学教育的热爱和不断探索，邵老师对科学教学和科学素养问题才会有如此深刻的理解与实践。

张 敏
湖南省教育科学研究院小学科学教研员

因为工作的关系，我曾与本书作者邵锋星老师一起赴西藏那曲进行支教活动。短短的一个星期，在相互交流中，在与西藏老师的研讨中，我深切地感受到邵老师对科学教育事业的执着与热爱。看了书稿，了解了邵老师对发展学生科学素养的深刻见解之后，我就更加坚定了这个想法。

《科学素养怎样教？——一名特级教师的教学笔记》一书，汇集了邵老师在学习研究国内外著名的教育理念、教学方法的基础上，在课堂实践、教学研究等方面进行的思考与探索。愿更多的科学教育工作者担负起培养学生科学素养的重要使命，将弘扬科学精神贯穿育人全链条，坚持立德树人根本任务，将科学精神融入课堂教学和课外实践活动，激励青少年树立投身建设世界科技强国的远大志向，培养学生的爱国情怀、社会责任感、创新精神和实践能力。

蒋永贵
杭州师范大学教授、经亨颐教育学院副院长

《科学素养怎样教？——一名特级教师的教学笔记》一书，是邵锋星老师在培养学生科学素养方面持续、系统、深入地探索与实践的成果，主要回答了如下几方面的问题：（1）科学素养究竟包括哪些方面的内容？针对不同的内容，我们的教学设计应该持有什么理念？（2）科学概念教学面临的挑战是什么？如何让学生为深度理解而学？（3）究竟什么是真科学探究？如何进行真科学探究教学？（4）面对真实情境的复杂科学问题解决，又该如何进行教学设计与实施？

总之，这是一本内容充实、富有价值的好书，特向科学教师和研究者们推荐。

目录 ▪ Contents ▪

序一　做理论敏感与实践创新的科教人／郝京华 ………… I
序二　充满实践智慧的教学研究／喻伯军 …………… V
序三　科学素养教学的生动实践／来　文 …………… IX
写给读者的话………………………………………………… I

1　基于素养的科学教学

大概念视角下的小学科学教学研究 …………………… 3
促进深层次理解：基于素养发展的小学科学教学……… 11
科学方法教育：拓展科学学科育人价值的关键环节…… 19
兰本达"探究–研讨"教学法对当前小学科学教学的启示
………………………………………………………………… 24
理性思维在科学课堂的生长路径……………………… 33
科学本质观视角下"意外数据"的价值与教学策略…… 39

2　科学概念怎样教

概念不相容原理及其对概念转变教学的启示………… 49
小学生科学前概念的测查与分析——以"电"为例…… 54
促进科学概念转变的教学策略——以"光"为例……… 62
指向深度学习的小学科学概念教学…………………… 71

具象·联结·论证：基于可视化的科学概念教学策略探寻
………………………………………………………………… 78

儿童"思想实验"：指向深度学习的小学科学教学案例研究
………………………………………………………………… 88

基于科学概念学习进阶的实验活动设计——"水和水蒸气"课堂教学实录与评析 ………………………………………… 96

概念的理解与建构：以"空气占据空间"概念为例 ……… 108

3 科学探究怎样教

为探究准备：小学科学"先学"任务的设计与实施 ……… 115

小学科学探究活动研究计划的制订策略 ………………… 120

"长时探究"：让学生成为科学学习的主人 ……………… 126

小学低年级科学游戏活动的设计与实施 ………………… 134

做好小学低年级科学探究活动中的即时评价 …………… 141

关注活动后的"活动" …………………………………… 147

基于素养发展目标的科学探究活动设计——"观察土壤的成分"教学实录及评析 ………………………………………… 151

指向直接经验的观察活动创新设计——以"食物在体内的旅行"为例 ……………………………………………………… 163

4 跨学科科学教学怎样做

让每一名儿童在科学课中经历 STEM 教育实践 ………… 171

工程设计：小学科学 STEM 拓展课程的设计与实施 …… 177

基于 STEM 理念设计单元复习课——以"能量"单元为例
………………………………………………………………… 185

基于 UbD 理论的 STEM 课程"三段式"设计——以"超级造船师"项目为例 …………………………………… 192

"家·校·社"三位一体：提升小学生科学素养的拓展性主题活动的设计与实施 …………………………………… 205

参考文献 …………………………………… 219

序一　做理论敏感与实践创新的科教人

／郝京华／　南京师范大学教授

　　　　　　江苏凤凰教育出版社小学《科学》教材主编

　　从世界范围看,科学课程进入学校的时间并不久远,但就在这二三百年的时间里,其价值取向却在不断变化:从早先以事实性、实用性为主的科学知识的授受,到20世纪中叶概念性科学知识和科学方法的提出,再到20世纪后半叶科学素养概念的出现,直至今日科技素养的叠加……,其背后的原因是社会的变迁和学术的进步。

　　科学素养概念提出的背景一是对科学课程单一强调科学概念、科学方法价值取向(培养科学家)的质疑,二是对全民科学素养于综合国力重要性的认知。尽管对科学素养的内涵及结构目前并没有取得一致的看法,但对素养的性质——全面性、基础性、基本性、多维性及稳定性,看法还是较为一致的。公认的科学素养结构包括:科学概念、科学方法、科学概念及方法的迁移运用,以及科学态度、科学精神等。

　　科学素养概念的提出对科教人来说是一个巨大的挑战。科学素养维度的划分,不仅是制定课程目标、教学目标及评价指标的需要,更是教学方法、教学策略选择的需要。维度的不同,标志着素养的培养方式和形成过程的不同。知识可以通过教师的讲解或学生自主建构而获取;科学方法和科学探究过程则需要经历类似科学家做科学那样不止一次的实践和练习,才能形成"像科学家一样看问题"的思维习惯;迁移运用能力的形成与真实情境中综合多学科知识解决复杂问题的学习机会有关,尤其是远迁移更是如此。20世纪后半叶兴起的 STEM(Science, Technology, Engineering, Mathematics) 教育、PBL (Project-based Learning, 项目化学习) 正是通过跨学科教学回应对迁移运用能力的培养需求。至于科学态度、科学精神的形成，如对大自然的好奇，对自然资源的珍惜，对证据、逻辑的重视等，我们还缺乏足够的基础研究和实践经验。尽管没有教师会否认它们的重要性，但因其形成的长期性及复杂性，在实际教育教学过程中，它们总是会被有意或无意地边缘化。这不仅是中国科学教育的软肋，也是亚洲文化圈学校科学教育的通病，国际学生评估项目 (The Program for International Student Assessment, PISA) 测试数据可以为证。

如何培养学生的科学素养成为科教人亟待解决的问题。可喜的是，近年来学习理论有了长足的进展，在"人是如何学习的"这个问题上的建树为教育工作者提供了诸多启示，如知识建构理论、情境认知理论、深度学习理论等，这些理论成为科学素养培养举措创设的灵感源泉。但理论并不直接解决实际问题，理论只指明方向，对理论敏感的教师才能从中受益。

邵锋星就是一位对理论敏感的科教人。他在繁忙的行政事务中凭着一份对科学教育的热爱和执着，穿梭于理论和实践之中，在消化理论的同时，创造性地提出了许多自己的见解。这本书就是他多年来思考和实践的概括与总结。本书聚焦学生科学素养发展目标，重点选择了科学素养中科学概念、科学方法及其迁移运用三个维度，并由此构成全书的主体框架——"基于素养的科学教学""科学概念怎样教""科学探究怎样教""跨学科科学教学怎样做"。

"基于素养的科学教学"是本书的总叙性篇章，主要阐述的是作者对科学素养本体若干维度的认知及基于这些认知的教学设计基本理念。科学大概念是对科学事实的抽象，强调它，不仅是应对科学知识急剧增长的需要，也是因为它更具解释力。科学方法、科学思维两者有着内在的联系，科学思维是科学方法的"魂"，通过观察、实验等实证方法获取的数据，只有通过科学思维的加工才能形成科学知识。科学思维对养成理性精神和求真意识至关重要，这是作者倾心科学素养这几个维度的理由。在"基于素养的科学教学"这一篇章里，作者还阐述了对自己基于素养的科学教学设计理念形成影响至深的兰本达教授教育思想的认知。

"科学概念怎样教"集中讨论的是科学概念的教与学问题。科学概念一直是国际科学教育界普遍关注的焦点问题之一。《科学素养的基准》(*Benchmarks for Science Literacy*)一书把"科学概念与过程"确定为最重要的学习内容,我国《义务教育小学科学课程标准》提出要"理解科学概念",重点强调了对科学概念的理解学习。科学概念教学对教师的挑战是:如何让学生能深度理解,而非照本宣科的浅层次理解,"科学概念怎样教"这一篇章提供了作者的阐释和案例。

"科学探究怎样教"集中讨论的是科学方法的教与学问题。为什么要教科学探究?日后当科学家的学生毕竟是少数。教科学探究,不是为了把学生培养成科学家,而是让他们能够像科学家一样思考问题——强调证据,强调逻辑,不迷信权威,知道什么是可信的,了解科学是如何致知的……。这是现代文明人的基本素养,因此如何教科学探究成了21世纪科学教师必须回答的问题。真正的科学探究不可能都是良构的,而应该以非良构为主——探究的路径不清晰,探究的结果不可预期。如何兼顾这两种探究,"科学探究怎样教"这一篇章有"锦囊妙计"可供参考。

"跨学科科学教学怎样做"集中讨论的是科学知识、科学方法的运用问题。近年来,知识的迁移运用提到了从未有过的高度,这和国际科技竞争力加剧有关。和以往不同的是,如今的迁移运用强调不同学科间的关联,注重创造性解决真实情境中复杂问题的能力,而非纸笔测验得到的分数。这对科学教师的挑战是:如何为学生提供解决真实情境中复杂问题的学习机会?时空都有限的课堂教学显然不够用,必须得有新的举措,"跨学科科学教学怎样做"这一篇章是作者对该问题的思考结论和实践结果。

一位科教人,在教学过程中对科学素养问题做这样全面深入的思考与实践实在是难能可贵,没有对科教事业的热爱和责任感,是很难做到这些的。邵锋星的这些经验,对于科学教学,对于培养学生的科学素养,十分有意义。愿更多的科教人都能像邵锋星一样,在教学过程中多一点反思,多一点研究,这不仅能使自己受益,而且能使孩子——国家的未来受益!

序二　充满实践智慧的教学研究

/ 喻伯军 /　浙江省教育厅教研室副主任，特级教师
　　　　　　教育科学出版社小学《科学》教材副主编

经常有人问我，一线教师如何做有价值的教学研究？我认为一线教师要有先进的教学理念指引教学研究的方向；要开展真实的行动研究，在教学中解决问题，并持之以恒。用理念指导教学实践，并在实践中总结、反思、提炼，形成自己的思考，这就是充满智慧的教学，也是有价值的教学研究。

对邵锋星老师的了解是从他的课堂开始的。他曾代表杭州市参加浙江省小学科学优质课评比，获得全省第一名的好成绩；又曾两次代表浙江省参加中国教育学会科学教育分会举办的小学科学优质课展示；多次参加中国教育学会小学教育专业委员会、教育科学出版社、浙江省教育厅教研室、桂馨基金会等组织的培训、支教、送教活动；在浙江省内的教研活动中，更是经常能看到他的身影。邵老师的课堂教学得到大家的充分认可，原因是什么？他把这些年的经历和思考汇集在这本《科学素养怎样教？——一名特级教师的教学笔记》里，也许我们可以从中寻找答案。

邵锋星老师以"基于素养发展的科学教学"的视角开展教学研究，体现了科学课程改革的核心要求，理念先进，立意很高；又做足了"怎样教"的功课，聚焦教学过程的设计与实施，探索了教学理念与课堂实践之间的对接之路，很有现实意义。在《概念不相容原理及其对概念转变教学的启示》《小学生科学前概念的测查与分析——以"电"为例》《基于科学概念学习进阶的实验活动设计——"水和水蒸气"课堂教学实录与评价》等文章里，邵老师积极探索了关于帮助学

生学习科学概念的有效路径;在《为探究准备:小学科学"先学"任务的设计与实施》《"长时探究":让学生成为科学学习的主人》《基于素养发展目标的科学探究活动设计——"观察土壤的成分"教学实录及评析》等文章中,详细阐述了他关于科学探究教学的思考与实践;在《让每一名儿童在科学课中经历 STEM 教育实践》《工程设计:小学科学 STEM 拓展课程的设计与实施》《"家·校·社"三位一体:提升小学生科学素养的拓展性主题活动的设计与实施》等文章里,表达了他对跨学科教学的关注与探索。邵锋星老师的这些研究成果,不仅有较强的理论性,更有较高的实践性,对小学科学课程的教学研究和改革探索是很有价值的。

我认为,邵锋星老师的经验,可以给科学教师们这样一些启示。

一是以"育人"的视角定位科学学科的教育价值。学科教学对学生发展的价值,除了学科知识以外,还应该包括教给学生认识世界和解决问题的独特视角、思维方法和特有的逻辑。具体到科学学科,需要关注的不仅是能够用于解释各种现象的科学事实和科学知识,还要通过科学学习建构科学本质观,帮助学生获得科学精神层面的整体提升。换言之,科学学科的育人价值,在于促进每一名学生科学素养的提升。邵老师的研究和教学实践,关注学生科学探究信心和能力的发展,重视引导学生经历梳理、理解、运用、创造等探究过程,强调深层次理解科学概念的内在意义,注重科学思维的参与和发展,最终实现学生精神世界的突破与升华,值得大家学习。

二是以"研究"的方法探索课程的开发与实施。在课程资源的开发方面,科学教师要着眼于课程多要素协同作用,有效开发和利用社区、家庭、校本资源,为学生构建多样的、融合的、开放的学习环境,使学生在更广阔的背景下开展科学学习。在教材研究方面,科学教师要能读懂教材所蕴含的思想方法,想办法把"教材"变成"学材"。在教法研究方面,科学教师要理解教材的编排意图,围绕单元核心概念,从学科逻辑和学生认知逻辑出发,寻找串"珍珠"的线,设计、组织探究活动。教师的研究通常以教育教学中需要解决的问题或者自我经验作为课题,吸纳和利用各种有利于解决问题的经验、知识、方法、技术、理论,在教育教学中加以实践，探寻解决具体问题的对策。在小学科学教学中，我们会碰到许许多多的问题，这就需要我们从自己的需求和特长出发，在一定时期选择适合自己的有价值的一个个问题作为研究课题，学习相关的教育理论，勇于实践，并在问题解决的过程中形成自己的研究体悟。

三是以"欣赏"的姿态研究儿童、研究学生。儿童是教育的对象，是课堂的中心，是教学的出发点和落脚点。欣赏儿童就是用心体验儿童的发展，研究儿童就是密切关注儿童的生长。科学教师要欣赏并研究儿童关于科学学习的前概念水平，儿童的课堂参与状态，儿童的课堂情绪状态，儿童的课堂思维状态，儿童的课堂生成状态等。只有教师心中想着学生，眼睛时刻看着学生，才会换来学生更专注地投入学习。这方面，邵老师的研究和实践值得大家借鉴。

在广大科学教育研究工作者、一线科学教师的共同努力下，我国小学科学教育焕发出蓬勃生机，在课程开发、师资队伍建设、教学实施等方面都取得了显著成绩。当然，作为持续提升国家竞争力和创新能力的基础性工程，加强科学教育，提高全民族特别是青少年学生的科学素养，依然任重道远。愿更多的科教人像邵锋星老师一样，以先进的教学理念引领教学实践，开展充满智慧的研究与探索，为我国的小学科学教育事业做出新的贡献。

序三 科学素养教学的生动实践

/来 文/ 杭州师范大学教授
"浙派名师名校长培养工程"科学学科首席导师

离上课还有几分钟,老师走上讲台,向学生咨询当地有什么名胜古迹,随后请小朋友用纸巾蘸水把景点名称写在小黑板上,向大家介绍。上课铃响了,"现在,我们来看一看刚才写在黑板上的字,大家有什么发现?"学生亲眼目睹了用纸巾蘸水写的字由清晰逐渐淡去,直至消失得无影无踪的全过程,争先恐后地举手回答。一个简单的课前热身,一个常见的生活现象,不着痕迹地激活了学生的探究欲望。

这是邵锋星老师执教"水和水蒸气"一课的教学片段。"水和水蒸气"一课在2009年浙江省小学科学优质课评比中获得第一名,并获得全国小学科学优质课一等奖。这些年,凭着对科学教育事业的热爱,对发展学生科学素养目标的执着追求,邵锋星在小学科学教育领域的改革探索给大家留下了深刻的印象。

"土壤中有什么"一课,邵锋星老师把干土的观察、碾碎、筛分,观察土块放入水中冒出的气泡,观察搅拌、沉淀、分层后的土壤等几个小活动整合成一个大活动进行,并通过记录单引导学生开展"长时探究"。这样的设计,为学生创造了较大的自主活动空间与较长的自主活动时间,让学生体验了观察、比较、联系、综合等一系列动手动脑相结合的探究活动过程,经历了讨论、决策、分工、合作等一系列发现问题与解决问题的过程。

"空气占据空间"一课是小学科学教学中的"疑难问题",三年级学生往往不容易理解"空气是实实在在存在的物质,空气占据空间"。邵老师基于儿童认知特点和科学概念学习的规律，精心设计认知冲突、对比实验、科学论证、迁移运用等教学活动，很好地帮助儿童完成了对"空气占据空间"概念的建构与应用。

"沉浮与什么因素有关"是邵锋星老师最近上的一节课。邵老师从物体沉与浮的核心概念出发，以观察实验为基础，创造运用儿童"思想实验"，让学生经历一场想象、计算、推理的"思想实验"过程，促进学生深度学习，实现对科学概念的深层次理解。

邵老师还有很多经典的教学课例。这些课例，从实现学生学习主体的视角出发，基于素养发展目标进行设计，立足科学探究实践，致力于对学生科学观念、科学思维、态度责任等维度科学素养的培养。他的探索实践受到国内、省内外相关专家的高度认可，也给一线科学教师们以深刻启发。

当邵老师把这本《科学素养怎样教？——一名特级教师的教学笔记》文稿发给我时，我是惊叹的。读着这些对科学教学深度思考的文章，想起他曾经上过的课，这些源于课堂又高于课堂的研究，一步一步，锲而不舍，终于使一名一线老师成长为学科教学的引领者。"基于素养的科学教学、科学概念怎样教、科学探究怎样教、跨学科科学教学怎样做"，这本教学笔记不仅记录了一位特级教师的教学主张和学科思想逐渐成熟的过程，也给年轻教师做了很好的专业成长示范。

写给读者的话

2001年，教育部颁布了《全日制义务教育科学（3—6年级）课程标准》（实验稿），掀开了我国小学科学教育的新篇章。经过十多年的探索与努力，2017年，修订版《义务教育小学科学课程标准》正式颁布，标志着我国小学科学教育进入了新的历史发展阶段。纵观20年新课程改革历程，我国一线小学科学教育工作者在教育观念上不断变化，在实践中强调挖掘课程价值，重视开发课程资源，突出学生主体地位，倡导探究式学习的基本学习方式，向着发展学生科学素养的目标而努力。但在现实教学中，以教师为中心、以事实性知识为主要学习目标、以教师讲授学生听讲为主要学习形式，唯分数、重知识、强记忆的传统课堂教学模式依然普遍存在。究其原因，除了受传统教学模式的思维定式影响外，不少科学教师对科学课程"教什么？""怎样教？"两个基本问题，依然不够明晰。

科学课程教什么？要尝试回答这个问题，我们需要结合未来人才培养需求和科学教育的价值来思考。进入21世纪，世界各国的竞争转向综合国力的竞争，竞争的关键是人才的数量和质量，实质是公民素质的竞争。加强科学教育，提高青少年学生的科学素养，已经成为持续提升国家竞争力和创新能力的基础性工程。科学素养的内涵丰富，外延也十分广泛，是一个动态发展和观察角度多元化的概念。尽管对科学素养的内涵及结构并未形成完全一致的看法，但是，科学教育的主要目标和任务是"教科学素养"已经成为科学教育界的广泛共识。《义务教育小学科学课程标准》明确提出："小学科学课程的总目标是培养学生的科学素养。"

科学课程怎样教？带着对这个问题的思考，20多年来，无论工作单位是乡

科学素养怎样教?——一名特级教师的教学笔记

镇学校还是城市学校,我一直坚守科学教育一线,坚守课堂主阵地。在郝京华教授、喻伯军主任、来文教授等国内科学教育知名专家的指导下,我与"邵锋星名师工作室"的骨干教师一起,不断学习思考,不断探索实践。又有幸得到教育科学出版社刘灿主任、殷欢老师、邵欣老师的指导和帮助,把这些年的思考与实践汇集成《科学素养怎样教?——一名特级教师的教学笔记》一书。

本书共分为四个板块,分别是"基于素养的科学教学""科学概念怎样教""科学探究怎样教"以及"跨学科科学教学怎样做"。第一板块"基于素养的科学教学",主要包括对"基于素养发展的科学教学应关注哪些维度""这些维度将体现怎样的育人价值""如何就这些维度展开科学教学"等核心问题的分析思考。第二板块"科学概念怎样教",内容围绕科学概念教学相关问题而展开,如"如何测查和分析学生的前概念""怎样促进学生科学概念的转变""怎样开展对科学概念的深度学习"等。第三板块"科学探究怎样教",涉及对科学探究教学的相关思考,如"怎样做好探究准备""如何开展有效的探究活动""小学低段如何开展科学探究"等。第四板块"跨学科科学教学怎样做",聚焦"科学教学如何实现与其他学科的关联和互动"。近年来兴起的项目化学习、STEM 教育为我们提供了跨学科教学的方法和路径。这一板块内容围绕"为什么要让学生经历 STEM 教育""怎样设计与实施 STEM 项目""如何借助 STEM 教育促进学生科学素养的发展"等问题展开论述。

拿到这本书时,老师们可以结合自己最近教学中的思考与实践,选择某一篇章切入阅读;通过对"基于素养的科学教学"板块的阅读,整体思考和把握科学素养的相关维度以及基于这些认知的教学设计与实施的基本理念;通过对"科学概念怎样教"板块的阅读,探索如何设计有效的科学学习路径,促进学生科学概念的转变,实现学生对科学概念的深层次理解;通过对"科学探究怎样教"板块的阅读,思考为什么要教科学探究,怎样的科学探究过程对学生是真正有价值的;通过对"跨学科科学教学怎样做"板块的阅读,探索如何开展 STEM 教育及项目化学习实践,为学生提供更多综合利用所学知识解决真实问题的学习机会。

此外，大家也可登录"邵锋星名师工作室"网站 http：//ms. zjer. cn/index. php?r = studio/index/index&sid = 209，了解、获取更多小学科学教学资源，也可扫描右侧二维码进入网站。

第十一次中国公民科学素质抽样调查结果显示：2020 年我国公民具备科学素质的比例达到 10.56%，比 2015 年提高了 4.36%。但是，与发达国家相比，还有着明显的差距，国内不同区域、不同人群（如城市与乡村的公民）的科学素质也差异较大。以培养学生科学素养为目标的小学科学教育，依然任重而道远。本书内容仅是我和工作室同事们对"如何发展学生科学素养"实践探索的粗浅经验，在此抛砖引玉，敬请广大从事科学教育工作的同仁们、将要跨入科学教育事业的师范生们，以及关注科学教育的家长们，在阅读过程中批评与指正。让我们携手同行，为祖国的科学教育事业继续努力！

基于素养的科学教学

- ▶ 大概念视角下的小学科学教学研究
- ▶ 促进深层次理解：基于素养发展的小学科学教学
- ▶ 科学方法教育：拓展科学学科育人价值的关键环节
- ▶ 兰本达"探究-研讨"教学法对当前小学科学教学的启示
- ▶ 理性思维在科学课堂的生长路径
- ▶ 科学本质观视角下"意外数据"的价值与教学策略

本章是全书的总叙性篇章，尝试对基于实践的科学素养教育理论展开讨论，旨在解决科学教学为什么要基于素养、基于素养的科学教学指向哪里、通过什么样的教学方式和学习方式促进素养发展等问题。

基于对科学素养本体若干维度的认知，以及基于这些认知进行教学设计的基本理念，本章主要和大家共同探讨如下内容：

1. 基于大概念理念进行科学教育，让科学知识更具解释力的价值。

2. 基于科学学科的知识结构和认知结构展开教学，体现连贯、聚焦实践、促进综合的思想，促进学生深层次理解，实现科学知识的系统化和结构化。

3. 基于兰本达教授"探究-研讨"教学法，思考如何使探究性学习不再走入形式化的误区。

4. 在实验教学、概念教学、项目化教学中实施科学方法教育，在科学概念建构、因果关系判断、科学规律推理中培养理性思维，基于科学本质观认识"意外数据"的教育价值并实施有效教学策略。

▶大概念视角下的小学科学教学研究[①]

在小学阶段,科学学习一般是从对周围物体和事件的观察和研究开始的,这种学习背景能引起学生的兴趣,给学生真实的感受。因此,小学阶段的科学教学不缺乏需要学生感知的内容,但如何让这些内容对他们在中学的学习也有用,并且一生都有用,却是十分值得研究的。科学教学的目标不是去获得一堆由事实和理论堆砌而成的知识,而是建构一个趋向科学大概念的发展和生长过程,这些大概念及其发展过程可以帮助学生解释与他们在学校以及离开学校以后的生活有关的一些事件和现象。因此,如何基于大概念理念进行科学教学,促进学科知识的系统化和结构化,使科学概念更具解释力,提升学生的科学素养,是小学科学教学的主要任务。

一、挖掘开发学习主题的育人价值

叶澜教授曾提出,教书与育人不是两件事,而是同一件事情的两个方面。在教学中,教师通过教书实现育人,学科书本知识在课堂教学中是育人的资源和手段,服务于育人这一根本目的。从更深的层次看,学科教学对学生发展的价值,除了学科知识以外,还应该包括教给学生认识世界和解决问题的独特视角、思维方法和特有逻辑。因此,学科教学本质上是以学科知识为载体,深入挖掘学科本身内在的精神价值,引导学生在掌握学科知识的同时,学会用学科眼光观察世界,用学科思维思考世界,用学科观念解释世界。

在有些学科教学课堂,教师往往以现成的知识传递为目标追求,强调帮助学生获得结论性知识,缺少对学生作为鲜活的生命体全面发展需要的关注,缺少对蕴含在课程、教材以及具体教学内容中独特的育人价值的思考。这样

[①] 原文发表于《中小学教师培训》2020年第3期,收入本书时文章标题和内容略有改动。

的课堂，实际上是在教"惰性知识"，"育"以服从、适应、执行他人意志为生存方式的人，学生内在生命中的探索欲望和主动精神常常受到斥抑，甚至逐步磨灭。推动课堂教学的转型，从"传递惰性知识"转向"促进深层次理解"，从"仅教书"转向"教书与育人相结合"，是发展学生核心素养的关键一步。

学科知识是有层次、有结构的。就科学学科而言，外显层是科学事实、事实性知识等，中间层是潜藏在科学概念背后的科学方法和科学思维方式、过程，隐性层由科学情感、态度与价值观构成。科学概念教学需要关注的不仅是能够解释各种现象的科学事实和科学知识，还要通过深层次理解科学概念，建构科学本质观，帮助学生获得科学精神层面的整体提升。首先，学生在学习科学概念时，进行科学探究的能力起到重要的作用，比如如何提出问题，如何调查研究，如何用实证检验提出的想法等，科学学习也必须促进学生对探究的信心和探究能力的发展；其次，科学探究过程中应引导学生尊重事实、尊重证据、实事求是，滋养学生的理性思维；再次，人类在科学知识上的进步，既拓展了各个认知领域，也不断丰富着人类的情感和价值世界，包括人们在科学探索过程中积淀的如何敢于探究、批判质疑、尊重事实、公开操作的精神，等等。教师应注重挖掘开发学习主题中蕴含的育人价值，让学生经历梳理与探究、理解与运用、表现与创造等探究活动，体验并掌握科学知识的深层结构，理解科学概念的内在意义，实现精神世界的突破与升华。

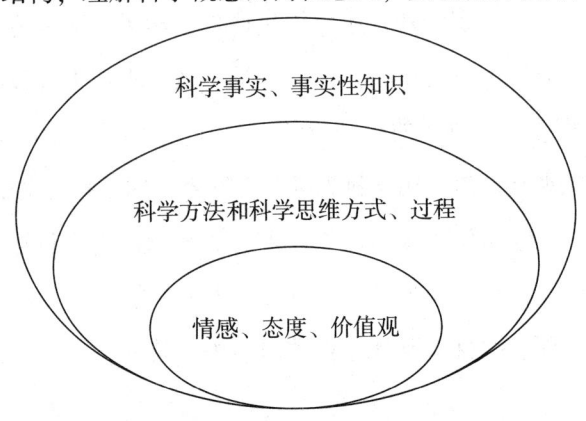

图 1-1-1　科学学科知识结构图

二、研制并内化概念性学习目标

研究表明,学生要达到对科学概念的深层次理解,需要建立起合适的认识方式。从认识方式的角度观察和关注科学学习中学生对科学概念的理解,是科学教育的必然要求。美国《国家科学教育标准》(National Science Education Standards)也明确提出以提升学生科学概念理解力促进主要概念发展的课程理念。分析这一代表当前科学教育新进展和理念的成果,我们发现,它强调以科学核心概念为中心,把科学概念和概念性理解有机结合,帮助学生超越事实进行抽象思维,使学生获得概念性理解,从而以发展学生理解力为目标进行科学教学。具体而言,科学课程的学习要以科学主题和事实为工具,以帮助学生获得概念性理解促进科学概念的发展为学习目标。

以往小学科学课程的教学中,事实性目标大量存在。例如:"了解食物在身体里的消化过程""认识植物种子的不同传播方式"等,它们以事实性知识为目标,而不是以概念理解为目标。很明显,以"了解食物在身体里的消化过程"为学习目标,学习过程就会呈现为"了解消化的过程,知道并记忆消化器官的名称"。这样知识传递式的教学,停留在以识记事实性知识为中心的浅层次上,学生收获的也仅仅是一堆没有结构、散乱的"惰性知识",也必然无法激发学生的积极思维。

因此,科学概念教学首先需要研制并内化概念性学习目标,将学习目标定位在对科学概念的深层次理解,而不是获得对事实性知识的记忆。比如学习动物主题的课程内容,传统的科学教学往往将学习目标定位在观察了解动物的外形特征、生活习性、种类、生命周期等事实性知识,或者仅仅定位于某一具体概念的理解,如繁殖等。而概念性学习目标则聚焦帮助学生掌握和理解科学概念。例如:

动物的不同结构特点服务于生存、生活和繁殖等不同功能;

所有的动物都依赖于植物;

一切生命体都与所处的环境有关,环境变化时,有些动物可以幸免或继续繁衍,有些则会死亡或迁移。

……

研制与内化概念性学习目标,在操作上首先要深刻理解课程标准中的主要概念与学习主题之间的相关性,并和能更广泛运用的科学核心概念之间进行联系;接着,对科学概念进行解构,把握对学生的学习期望,确定大小合适的概念;最后,以概念性理解为核心确定科学素养各要素,包括体现科学探究精神,注重引导学生认识科学本质等。

三、启发促进学习主体积极思考

学生的兴趣和热情对于他们投入科学学习是非常重要的,但是只靠感官刺激,学习的动力会逐渐衰竭。如何使学生在学习中保持持续不断的内动力,方法只有一个,就是让学生成为真正的学习者——在坚持概念发展方向的同时,把思考的权利交给学生,让学生积极地对自我经验进行组织、发展、批判和论证,这样学生的积极性和创造性才会得到发展。科学学习的过程应该始终贯穿着学生的思维活动,如比较、分析、判断、分类、归纳、想象和综合等。

科学概念学习进程中如何有效启发学生积极思维,促进学生科学素养的提升?第一,激发"认知冲突"。认知冲突是促进学生主动探究和积极思维的动力,在教学中,根据学习目标设计一些与学生的前概念相矛盾的情境或者问题,使学生产生认知冲突。这种矛盾让学生对原有经验产生不满,期望有新的更合理的解释。第二,强调"自主建构"。引导学生提出问题,基于已有经验进行预测、设计方案,通过观察和实验收集数据,对数据进行讨论,做出解释,并将实证结果和初始想法相关联,实现概念的理解和自主建构。在此过程中,不仅要注重学生在学习进程中的情感参与和行为参与，更要注重学生的思维参与。第三，重视"自我监控"。自我监控是思维结构的高级形式，在科学学习的过程中以及探究结束时，引导学生对获得的科学概念以及学习的过程、方法和思维方式进行总结和反思，加深对科学概念和科学方法的理解，总结经验教训，发展认知结构，提升自我监控水平。第四，实现"迁移应用"。应用获得的科学概念和科学方法解决实际问题，既是科学学习的目的，也是检验概念发展的主要标志，还是加深科学概念理解的重要环节。

四、建构趋向核心概念的学习进阶

科学是复杂的，由众多的概念、理论、原理等组合而成。怎样让学生从一开始学习就能较好地掌握它呢？倾听科学家解释各种科学现象，我们也许能从中找到线索。科学家通常会确认一些少量的、关键的科学概念，并去掉那些分散注意力的细节，用以解释某个现象。比如，科学家只用万有引力定律和牛顿第二定律来解释卫星如何能够维持围绕地球的运动，并让人们能够计算这些物体在轨道上运动以及落到地球上需要的速度。科学教学并不是要将这些核心概念直接教给学生，也并不是否认建构一些核心概念需要将来自具体主题事实和学习经验的较小概念组合在一起。但是，可以确信的是，如果这些主题事实、学习经验能够与核心概念联结，就可以让学生更好地解释他们观察到的世界。

学习进阶是基于教学经验和学情判断形成的对学生学习方向的预设，是学生对某一主题概念的理解能力和运用能力连贯的、相互衔接的和循序渐进的发展过程。学习进阶主要包括学习起点、中间水平及学习终点。其中，起点是学生进入课堂接受科学教育前所具有的生活经验，即前概念；中间水平是起点到终点之间的发展过程，表示在不同学段需要达到的对概念的理解水平和能力，是由浅入深、逐渐复杂地趋向科学核心概念的进展过程；终点是学习进阶中学生最终需要达到的对科学核心概念的理解和掌握水平。对每一个学习个体来说，从最初的前概念，发展到能够解释较大范围现象、更为有用的概念，都有一个进阶的过程。

我们找到三种主要的概念进阶模式，它们以不同的形式达到理解科学核心概念的学习目标。第一种以爬梯子来比喻进阶过程。在这个进程中，先完成前一步，再着手后一步的学习，用学习目标确定需要完成的任务。每一步的时间长短是不同的，它可以是一个主题单元的学习时间段，也可以是一个学习阶段。第二种是只对最终目标给出描述，可以用不同的方法，就像积木游戏中使用各种木块，用多种方法和顺序拼搭。第三种是随着时间推移逐步展开，通过螺旋式发展的课程和教学实现概念进阶。学生在学习科学时，由于需要的学习经验以及概念的性质和范围不同，往往每一种进阶模式都可以用到。

以物质科学领域的概念学习为例，在小学低年级，学生先从认识物体的属性开始，了解它们的轻重、厚薄、颜色、形状、气味和材质等相关特征；然后由物体的基本成分引出材料的概念，认识不同材料的硬度、强度、密度、导电性、导热性和磁性等特性。到了中年级，需要探索空气、水等主要和常见的物质，并了解物质的固态、气态、液态等不同状态及三态变化。在高年级，从化学变化的角度真正展开物质层面的探索学习，了解物质的变化以及物质间的相互作用。在这个过程中，通过不同进阶模式的结合运用，促进对物质科学领域概念的理解，为中学阶段的学习并最终形成关于物质的核心概念打下基础。

科学概念作为一条主线，决定了教材的框架结构，同时也是教材内容的选择依据。而其中的核心概念反映了基本的学科思想，不仅帮助学生理解与他们生活相关的事件和现象，联系学科内的多个关键概念和原理，也是学生认知结构发展的基础。此外，科学探究作为另一条主线，为学生提供了主要的学习支持和组织，成为概念进阶的根基。如同生物学 DNA 双螺旋结构中的两条脱氧核苷酸链一样，趋向核心概念的学习进阶和科学探究协同发展的思想模型体现了科学教育的深刻内涵。

五、开发运用真实情境测评任务

科学概念教学过程中需要对学生进行测评并提供反馈,以帮助教师调控教学过程,促进学生实现更有效的学习。无论是过程性测评还是终结性测评,无论是以纸笔形式进行的测评还是以活动、实验、项目报告等方式进行的测评,都需要有良好的测评任务来支撑——基于概念理解考查学生是否能在真实情境中运用所学科学知识分析问题、解决问题,并对生活中常见的自然现象做出解释。测评的运用是一个连续和反复进行的过程,测评中得到的关于学生概念和能力的信息,能帮助教师对教学的各个方面予以合适的调整,促进学生自主参与学习。

测评任务的开发与运用,需要紧密联系教学实际和生活实际,努力创设符合学生认知水平、能引起学生兴趣的并适度抽象和简化的真实的个人情境或者社会情境。在具体的、新的情境中,一方面能检验学生运用科学概念解决实际问题的能力及相应的科学态度,另一方面可以让学生体验所学与生活的联系程度。测评任务及试题的开发需要关注对学生关于相关核心概念的掌握情况的考查,而不是简单地停留在知识的再现和记忆上。测评任务强调灵活的运用,明确与科学概念相关的自然现象和过程,能够用科学的或接近科学的术语对自然事物或现象进行描述和解释,能够知道某些科学概念之间的联系,以及各个科学概念的应用范围。

【案例】

从考查识记科学事实,转变为在真实情境中对核心概念"结构和功能相适应"的理解运用(见图1-1-2)。

```
借助水力传播种子的植物是（    ）。
  A.凤仙花          B.苍耳          C.莲蓬
```

```
根据下列植物果实或种子的特点推测，利用风来传播种子的是（    ）。
  A.果实在成熟时会突然炸裂        B.果实轻，带翅或绒毛
  C.果实有小刺或多肉好吃          D.果实圆形，散落时能滚动
```

图1-1-2　关于"种子的传播方式"测评任务的变化

测评过程中教师需要依据趋向核心概念的学习目标进程来分析和运用测评获得的信息，并运用这些信息，采取一定的步骤对教学做出调整，使得学生的探究学习和概念发展更加符合他们的身心特点和认知规律。在给学生的反馈中，需要将如何向前发展的信息反馈给他们，为他们提供推进学习的针对性指点，而不是简单化的分数、等级和判断。教师要让学生分享学习目标，让学生认识学习活动的目的，了解通过这样的科学学习能学到什么，帮助学生更有效地管理自己的学习。同时，教师应该认识到通过短期的学习目标促进长期目标的实现，包括对科学概念的理解。

大概念视角下的小学科学教学没有固定的法则和现成的途径，五个方面的要素构成了既线性向前又循环迭代的整体架构。科学教育的发展任重而道远，让学生基于探究促进对科学概念的深层次理解发展科学素养，以使他们的未来得到良好发展，这不仅要依靠教师以大概念视角来设计教学，还需要国家和地方教育政策、学校的组织结构、家长的支持配合等多方面的协同推动。

▶促进深层次理解：基于素养发展的小学科学教学[①]

从 20 世纪末至今，世界科学教育正在发生历史性变革，一方面源于对科学本质的进一步认识，另一方面源于对学习机制的深入研究。这些都对科学教育产生了重要的影响，为科学教育提供了新的见解、新的方法和新的手段。如何从发展学生认知能力的角度出发，使科学教学活动设计更符合学生的认知规律，用学生喜闻乐见的学习方式，促使学生产生持久的学习动力，开展深层次的理解性学习，实现科学素养的提升，成为科学教育必须研究的重要课题。

一、体现连贯，系统发展对概念的理解

小学科学课程内容涉及生命科学、物质科学、地球与宇宙科学、技术与工程四个领域，一共 75 项学习内容。教育科学出版社出版的小学《科学》教材将其聚焦为 36 个学习主题（单元），每个主题包含 7 至 8 节连贯性学习内容，需要学生进行一到两个月的持续学习，使学生有充分的时间围绕某一主题进行深入学习。这种大单元的教学使课程中的有关内容有了联系起来的可能，使事实与事实间、事实与概念间有了联系起来的可能，使学生能够随着经验的丰富不断修正和完善已有的认识，对概念的理解逐步深入。

1. 在单元内部，以学习主题引领事实间的联系

因为有了大单元的平台，教学能够在一个主题中展示有结构的、层层递进的科学探究活动。例如，一年级上册"比较与测量"单元，从提出怎样比较物体的大小引发学生的认知冲突开始，引出比较需要公平和方便的原则，随后设计了确定起点和终点的游戏。在学生经历了用手测量发现测量结果有

[①] 原文发表于《现代中小学教育》2019 年第 12 期，收入本书时文章标题和内容略有改动。

差别之后，通过用物体测量的活动，进一步让学生认识到用不同物体或相同物体测量物体的长度仍然会有差别的事实，由此产生用标准物测量和制作测量纸带的需要。在这样一个连续性的探究活动中，学生紧紧围绕"比较与测量"这一主题，体验、重演了发现人类测量工具的过程，弄清了比较和测量规范产生的原因，在后续的一系列观察和实验中他们会有意识地使用比较与测量的思想及工具。

2. 在同一学段的单元之间，保持概念的连贯性

促进概念的深层次理解，还需要在同一层面针对一个大概念从不同的主题展开学习，让学生了解概念所具有的广泛的解释能力，形成横向的连贯性理解。学生对世界的认识主要来源于身边用感官可以感受到的一个个由物质组成的个体。《义务教育小学科学课程标准》在物质科学领域要求低年级小学生能够通过观察和描述认识物体具有质量、体积等特征，在生命科学领域能够说出常见动物和植物的名称及特征。因此，在"植物""动物"和"我们周围的物体"三个单元的教学中，将学生身边熟悉的物体区分为有生命的和没有生命的两类，引导学生分别研究这些物体的属性，帮助他们建立物体都具有可观察和描述的特征，以及这些特征又可以被人们认识并进行分类这样一个基本概念。

3. 随着年级的升高，发展更为复杂的概念

以生命科学领域的学习为例，学生是从认识动植物的身体组成、外部形态特征并进行简单的分类开始的，为生物多样性的概念奠定基础。到了中年级，通过"动物的生命周期"（养蚕）和"植物的生长"（种植凤仙花）认识生命个体从小到大的动态变化过程，建立有关发育的概念。其后，在认识了生物多样性和个体发育的基础上再探索环境对生物的影响。在这个过程中，对动植物身体组成的观察与比较不仅是进行分类的基本依据，而且是研究动植物的发育和繁殖、结构与功能不可跨越的步骤。对发育和繁殖、结构与功能的研究必然导向认识生物和环境的关系，并由此延伸到生物的演化。这样

一步一步循序渐进的学习过程，逐步丰富和发展了学生关于生命科学领域的核心概念，并向学生提供了一个认识自然界的基本框架。

物质科学领域的概念发展是从认识物体的属性开始的，然后由物体的基本成分引出材料的概念，再由材料过渡到物质。中年级学的"空气"和"水"是对主要和常见物质的探索，"溶解"则是从混合和溶解的角度形成对物质状态变化的认识。到了五年级，"沉和浮"讨论的是物体在水中的沉浮现象，在由判断到解释的发展中，实现由物体到物质认识的转换。六年级的"物质的变化"则是从化学变化的角度真正从物质的层面展开探索，为中学阶段形成物质的认识打下基础。

地球与宇宙科学领域的概念发展，体现了由近及远、由具体到抽象的认识顺序。低年级的"我们的地球家园"，通过一日内太阳在天空中的位置变化、季节的变化和月相变化，使学生初步了解地球上可以观察到的时空现象。中年级的"水""空气"和"天气""岩石和矿物"是从地球物质的角度建立大气层、水圈和岩石圈的概念。到了高年级，"地球表面及其变化"则从地球的内部了解地壳、地幔和地核，通过对"环境和我们""地球的运动"和"宇宙"的学习，形成人与地球的关系，以及地球运动和其他星球运动的概念认识，并激发对地球与宇宙的探究热情及想象空间。

二、聚焦实践，学习像科学家那样思考

2011年，美国颁布《K-12科学教育框架：实践、跨学科概念与核心概念》，提出了"科学实践"概念。在这一框架的基础上，美国国家研究理事会于2013年发布了《新一代科学教育标准》，将科学实践作为第一关键词，取代了科学探究。这个变化不仅有利于扭转课堂教学中科学探究僵化、模式化的倾向，更重要的是，深化了我们对科学探究的认识，把科学探究理解为一种融合了社会、认知和行为等多个维度的实践活动。

科学教育中的科学实践既包含了通常所说的行为维度，如科学实验、种

植养殖、科学考察、社会调查、科技制作等，也必须反映科学探究的社会性活动特点，如合作学习、汇报交流、开放性讨论、科学论证和辩论等，还需要体现科学探究的核心目标，即培养学生的核心思考能力，帮助他们越来越自觉和自如地运用证据进行推理，并且建构不断完善的科学理论。这就要求教学中的设计不光关注"动手"的活动，还必须包括蕴含创造性思维和科学理性的"动笔""动嘴"与"动脑"的活动。

1. 确定儿童可以理解的"概念性目标"

事实性目标在小学科学教学中常大量存在。这样的教学停留在以识记事实性知识内容为中心的浅层次上，对于发展学生的深层次思维是没有什么意义的。

因此，在以促进学生深层次理解为目标的科学教学中，教师首先需要将事实性目标转化为学生能够学习的概念性目标。例如，把"了解食物在身体内的消化过程"的学习目标转化为"消化系统的各个组成部分具有不同的功能，目的是促使食物被人体吸收"，这样会更好地激发学生对概念的理解力。又如四年级的"把种子散播到远处"一课，若将学习目标定位在"认识植物种子的四种传播方式"，教学活动则侧重于让学生记忆主题中包含的知识点，学生学习的结果是：知道植物种子有四种传播方式，以及各种传播方式中具体的代表性植物是什么。如果我们将本节课的学习目标转化为"理解种子的传播方式与其自身的结构有密切联系"，教学过程中围绕目标引导学生思考、讨论"为什么种子有不同的传播方式？它们的传播方式与什么有关系？"，学生学习的效果就会有所不同。

2. 在探究教学设计中融入元认知策略

学生需要理解学习的意义，逐渐形成独立学习的能力，在学习中不断反思自己的学习过程，并做出积极的自我调节。发展这种元认知策略已经被许多国家列为基础课程的重要目标。小学科学教学中，可以将每个单元的起始课都设计为相关前概念的测查，通过头脑风暴、画思维导图等形式调取学生的原有认识，使他们明白自己及同伴关于即将学习的主题"知道些什么"以及"还想知道些什么"。在单元的学习过程中，提示学生和自己先前的认识进行比较，看一看自己的认识发生了什么变化。单元的最后一课，可安排单元学习的整体回顾，尤其注意引导学生讨论认识的变化是如何随经验和证据的丰富而发生的。将这样的元认知策略引进早期的科学教育，不但是有意义的，同时也是可行的。

学生的兴趣和热情对于他们投入科学学习是非常重要的。只靠感官的刺激，探究的动力会逐渐下降。如何使学生在科学学习中保持持续不断的内动力，元认知理论认为，还是要让学生成为真正的学习者，积极对自我经验进行组织、发展、批判和论证，使积极性和创造性得到发挥。因此，鼓励学生独立地表达自己的真实观点，同时又给他们提供合作和集体论证的机会，让他们在科学实践活动中切实体会到自我发展的成果，学生会更加自觉地投入科学学习活动，使自己成为科学实践的主人。

3. 提供思维工具，帮助学生组织和利用经验

学生作为学习者，和成人学习者的区别也表现在经验的组织方面。根据杜威提出组织经验的两大原则——经验的连续性和交互作用，我们可在小学科学教学中为学生提供下列思维工具。

（1）科学学习记录单

让每个学生都独立地表达自己的观点并记载在自己的记录单和科学学习记录本上。鼓励学生做出解释，同时写出支持自己观点的事实和推理方法。这些记录单会在学习过程中反复使用，作为个体认知对比和发展的基础。

（2）班级记录单

记录全班交流中的各种不同观点及推理过程，了解同伴的看法，并评估自己的观点。

（3）科学词汇专栏

科学教育的重要功能之一就是通过干预学生的科学学习，让他们从日常

的活动过渡到科学探究,其中非常重要的就是发展学生的表达和交流能力。根据需要,可在教学中增设"科学词汇专栏"这一学习工具,提供关于概念学习的相关词汇,以帮助学生进行准确和流畅的表达。

(4) 各种组织和呈现数据的图表

表格和数据图可以揭示数据之间的关系,对学生从中发现事物间的联系和运动规律是不可缺少的认识工具。教学中可设计条形图、点状图、表格等用于组织和呈现数据的图表,以及专门用于比较的维恩图等。

三、促进综合,获得对概念的整体理解

综合的视角是指学生在科学学习中应获得对概念的整体理解。美国科学促进协会在其著名的《科学素养的导航图》(*Atlas of Science Literacy*)一书中明确指出,对科学素养的形成而言,不仅单个概念是重要的,概念之间的相互支持以及相互作用的邻近线索也十分重要。温·哈伦在《科学教育的原则和大概念》(*Principles and Big Ideas of Science Education*)一书中也提醒我们,科学教育具有多方面的目标,包括有关的大概念、科学能力和科学方法。这些多方面目标不是孤立的,在学习过程中它们相互促进、相互联系。

1. 结合科学概念的学习实施科学方法教育

科学方法是人们在认识和改造客观世界的实践中总结出来的正确的思维方式和行为方式。科学方法不仅是科学课程的内容,而且是获取科学概念的途径和手段,是理解科学概念的纲领和脉络,是运用科学概念的桥梁。科学概念与科学方法之间是一种互相平行、互相促进、水乳交融的关系,每一个科学概念的得出都贯穿着科学方法的参与。如果说科学方法是"因",科学概念则是"果"。可见,只有使学生在每一个科学概念得出的过程中,深切体会到科学方法的作用,科学概念才能真正被理解和掌握。

结合科学概念的学习实施科学方法教育,体现了科学方法教育路径的创新。以"比较材料的硬度"这一学习内容为例,学习任务中既包括了科学知

识的学习，又体现了科学方法的教育。

教师出示两块木头，问：它们的硬度是否一样？谁有办法比较？今天的活动就是比较不同材料的硬度。

每个小组有 6 种材料，教师介绍实验盒里的材料（卡纸、木头、大理石、塑料、铜、铁的圆片各一个）。

小组活动的任务如下：(1) 以自己设计的比较活动比较 6 种材料的硬度，并按硬度顺序排列 6 种材料；(2) 发现两种以上比较这些材料硬度的方法，并对自己小组发现的方法进行评价。

2. 多维度培养学生的科学探究能力

以一年级的"植物"单元为例。《义务教育小学科学课程标准》明确指出，这个单元主要是通过一系列的观察活动，让学生知道植物也是生物，能说出周围常见植物的名称及特征，能说出植物需要水和阳光以维持生存和生长。因此，这一单元的科学探究能力的培养，主要集中在观察和比较。同时，在每一课的教学中，教师都应该注意发展学生用图画进行表征的能力、运用科学词汇的能力、交流表达的能力和小组合作能力，实现综合培养学生的科学探究能力的教学要求。

为了发展学生对周围世界最基本的关注，教学中可以设计一些拓展性活动，例如"找一找，我们吃的蔬菜中哪些是植物的根？哪些是植物的茎？"，引导学生把对植物的特征的认识与生活联系起来。

为了增进学生对植物与环境、植物与人类关系的理解，教学中提醒学生关注"插图里的植物有什么作用呢？"，教材在科学阅读部分以"我们离不开植物"为主题，进一步提供了有关植物的信息，促进学生对植物特征的整体理解。

3. 系统发展学生的科学探究水平

科学探究应避免表现为学生科学学习时的固定步骤和方法，各种活动类型在教学设计中都应得到系统运用，强调各活动之间的内在联系，系统提升学生的科学探究水平。

由于学生的科学探究与科学家的研究过程中的理性思维方式相同，因此探究活动过程也需要从提出问题开始，通过搜集事实、获得证据、构建解释和集体论证，形成贯穿某一学习主题的、连贯的科学思维。这样才能使学生理解科学探究步骤之间的关系，解决"如何知道"和"为什么相信"的问题，这是科学探究的灵魂所在。因此在教学活动的设计中，应该始终注意系统地应用科学探究的各种类型，努力使它们成为有结构的系列活动。

例如一年级的"动物"单元，聚焦的科学问题是"动物是什么样的？"。第一个探索活动是分小组观察一种动物，并把它画出来，用图画表征自然界的具体事物。接下来通过比较和讨论每个人画的动物，用语言表征自己对动物特征的看法。动物到底是什么样的呢？进而设计实地调查、观察校园里的动物的活动，意在检验学生的已有认识。该单元之后的第三课至第五课设计观察两种小动物的活动，目的是丰富学生的经验，获取新的信息，并通过对信息进行分析，比较两种动物；最后一课给动物分类，重组信息、构建解释并进行新的表征。

随着年级的升高，可以增加科学探究的复杂程度和丰富性，以逐步使学生的科学探究水平达到更高的层次。

总之，小学科学的学习过程就是学生基于原有的知识经验与外界环境进行交互作用，以主动建构深层次理解的科学概念、提升科学素养的过程。引导学生积极主动地建构新知识，真正理解科学概念的内涵，是一个长期的探索过程，也是科学课程改革和发展的方向。

▶科学方法教育：拓展科学学科育人价值的关键环节[①]

科学方法教育如同科学教育的其他问题，总是随着人们对其认识的深入而不断发展。科学教育的研究和实践表明，人们重视科学方法，正是由于它在科学学科育人过程中具有不可替代的重要作用。自《义务教育小学科学课程标准》颁布以来，人们对科学方法教育予以了更多的关注。伽利略创造了实验方法、数学方法和分析方法三者结合的科学方法，自此人们一直把科学方法作为最基础的问题加以研究。但在科学教育领域，尤其在小学阶段的科学课程改革中，科学方法的教育价值、内容以及实施策略总是得不到应有的重视。虽然不少教育工作者在这方面进行了研究，但我们还是应该清醒地认识到，科学教育的基本问题之一，即科学方法教育，依然没有得到较好的解决。

一、小学科学课程中科学方法教育的价值

科学史学家朱克曼曾经访问41名诺贝尔奖获得者，发现他们的成功最主要得益于从名师那里"学到一种发现科学真理的工作方法和思想方法"，而不是"从老师那里获得实际知识"。1999年欧洲物理学会发表了题为"2000年后：未来的科学教育"的研究报告，对5岁至16岁学生的科学教育提出了十条建议，其中第六条为：科学课程要向学生提供关于科学思想和科学方法的认识。美国《国家科学教育标准》指出，"科学探究是学生在学习过程中利用科学方法进行决策"，"强调学生对科学方法和一般程序的体验和学习"。事实上，很多国家和地区在推进课程改革的过程中，都把科学方法教育列为科学教育的目标之一。

[①] 原文发表于《基础教育课程》2020年第10期，收入本书时内容略有改动。

在学生学习科学知识的过程中,科学方法起到重要的作用。首先,它引导学生提出问题,制订计划,搜集证据检验提出的想法等;其次,引导学生进行分析、比较、综合、分类、推理、类比等思维活动,滋养学生的科学思维;再次,学生在经历梳理、分析、运用、创造等探究过程中,理解和掌握科学知识的深层结构与内在意义。科学方法不仅是科学课程的内容,还是获取科学知识的手段,是理解科学知识的纲领,是运用科学知识的桥梁。从科学知识的结构来看,科学方法贯穿整个科学知识领域,它把不同层次的知识相互联系起来形成知识结构。从认知结构形成的角度来看,需要通过科学方法的参与,对知识进行加工、组织、系统化重建及运用等过程,使原有的客观存在的知识结构转化为学生头脑中更加牢固清晰的新的认知结构,并进一步促进学生建构科学本质观,实现精神世界的突破与升华。可以说,科学方法教育是科学学科育人价值得以拓展和实现的关键环节。

作为一门基础性、综合性、实践性课程,小学科学课程承担着培育学生科学素养,为学生继续学习、未来成为合格公民和终身发展奠定良好基础的使命。教育部2017年颁布的《义务教育小学科学课程标准》指出,小学科学课程"强调从学生熟悉的日常生活出发,通过亲身经历动手动脑等实践活动,了解科学探究的具体方法和技能,理解基本的科学知识,发现和提出生活实际中的简单科学问题,并尝试用科学方法和科学知识予以解决,在实践中体验和积累认知世界的经验,提高科学能力,培养科学态度"。科学方法既是与科学知识相平行的"知识",也是获取科学知识的途径,是人们在认识、改造客观世界实践中总结出来的正确的行为方式和思维方式,毋庸置疑应成为小学科学课程的重要教育内容。

受传统教学观念影响,小学科学教学中普遍存在以现成的知识传递为目标追求,帮助学生获得结论性知识的教学形式。现代教育更关注使学生掌握科学方法,发展科学思维,提升科学素养,实现学科育人价值。如果学生没有较好地掌握科学方法,那么,充其量只能说他们学过了科学课程,而并没有掌握这门学科。

二、小学科学课程中科学方法教育的内容

《义务教育小学科学课程标准》中分两个层面描述"科学探究目标",包括"科学探究总目标"和"科学探究学段目标"。其中,"科学探究总目标"主要从科学探究的过程方法和科学思维方法两个维度进行阐述。同时,围绕提出问题、做出假设、制订计划、搜集证据、处理信息、得出结论、表达交流、反思评价这八个要素,描述了科学探究在小学低段、中段、高段分别应该达成的学段目标。显然,课程标准已经把科学方法列为科学课程的重要目标维度。

科学课程的教育内容整体上由科学知识和科学方法两个方面组成。《义务教育小学科学课程标准》把涉及物质科学、生命科学、地球与宇宙科学、技术与工程四个领域一共18个主要概念确定为科学知识的相关课程内容,数量清楚,内容和要求也一目了然。然而,课程标准中却没有直接描述科学方法的具体学习内容。以物质科学领域"物体具有一定的特征,材料具有一定的性能"这一主要概念中有关"混合与分离"的学习内容为例:

学习内容:利用物体的特征和材料的性能,把混合在一起的物体分离。

学习目标:根据物体特征或材料性能将两种混合在一起的物体分离开来,如分离沙和糖、铁屑和木屑等。

这一学习内容相对应的科学方法学习目标是什么?内容是什么?实施策略又是什么?教师在教学中是需要思考并关注这些问题的。

关于科学方法的分类,国内外相关研究有多种不同的观点。结合《义务教育小学科学课程标准》提出的"科学探究目标"和所涉及四个领域的课程内容,小学阶段科学方法教育的内容主要包括三类:实验方法、思维方法和数学方法。实验方法是基础,包括观察、调查、比较、分类、控制变量、分

析资料、得出结论等,解决科学探究过程中具体操作的需要;思维方法是核心,包括分析、综合、比较、抽象、概括、推理等一系列思维活动,促进每一名学生都积极思考;数学方法作为科学学习的语言和工具,对科学探究过程和搜集到的信息进行分析研究,并用数学形式表达出来。对小学生来说,无论哪一类科学方法,都要通过明确而系统的训练,才能够理解和掌握。

三、小学科学课程中科学方法教育的实施策略

研究者普遍认为,解决科学方法教育薄弱问题的措施是科学方法的显性处理方式。也就是说,在科学教学中明确科学方法的名称,揭示科学方法的内涵,阐明科学方法的操作过程,让学生处于主动接受科学方法教育的状态。我们以相关研究共识为基础,结合小学生的身心特点和认知规律,积极探寻小学科学课程中科学方法教育的实施策略。

一是在实验教学中实施科学方法教育。观察实验是小学科学课程最基础、最重要的教学形式。实验教学的过程一般包括聚焦问题、设计方案、实验操作、数据整理分析、得出结论、交流反思等环节,每个环节都要通过科学方法得以实现。观察实验的过程既是认识的过程,也是学习和运用科学方法的过程,包含了大量科学方法教育的内容。

例如,"溶解的快与慢"一课的教学设计:

1. 提出两种以上可能影响物质在水中溶解速度的假设;
2. 设计对比实验;
3. 用文字或图画方法记录实验现象;
4. 评价自己小组的研究方法和过程。

教师在实施上述实验教学过程中,显化和突出做出假设、设计方案、实验操作、变量控制、观察记录、反思评价等科学方法的学习和训练过程,也有效达成了学生对科学知识的理解和掌握的目标。

二是在概念教学中实施科学方法教育。科学概念一直是科学教育界关注

的焦点之一。美国《国家科学教育标准》把"科学概念与过程"确定为重要的学习内容，《义务教育小学科学课程标准》也提出"理解科学概念"，二者都强调了对科学概念的理解学习。科学概念和科学方法是一种平行的、水乳交融的依存关系，学生对每一个科学概念的理解都贯穿着科学方法的参与。换言之，只有使学生深切体会到科学方法在科学概念得出过程中的作用，科学概念才会真正被理解和掌握。

以生命科学领域的概念教学为例，这一内容的学习是从认识植物和动物的身体组成、外部形态特征并进行简单的分类开始的，为生物多样性的概念奠定基础。到了中年级，通过养蚕、种植凤仙花等活动，学生可以认识生命个体从小到大的动态变化过程，建立有关发育的概念。其后，在认识了生物多样性和个体发育的基础上再探索环境对生物的影响。在这当中，对动植物身体组成的观察与比较不仅是分类的基本依据，而且是研究动植物的发育和繁殖、结构和功能不可跨越的步骤，而对发育和繁殖、结构和功能的研究必然会通向认识生物和环境的关系，并由此延伸到生物的演化。这样一步一步循序渐进的学习过程，逐步丰富和发展了生命科学领域的核心概念，并向学生提供了一个以科学方法认识自然界的基本框架。

科学概念的学习不仅与实验方法密切相关，还与思维方法紧密联系，并且这两种科学方法常常交织在一起。科学概念作为一条主线，决定了教材的基本框架，也是教材内容选择的依据；而科学方法作为另一条主线，为概念教学提供基本的组织和支持，成为概念学习的根基。科学概念和科学方法协同发展的思想模型体现了当代科学教育的深刻内涵。

三是在项目化教学中实施科学方法教育。项目化学习倡导学生自己计划、运用已有知识经验，通过实践操作，在真实情境中解决实际问题。当前，越来越多的教师积极尝试在小学科学课程中开展 PBL 和 STEM 项目的教学实践。

例如，"制作小杆秤"项目教学设计：

1. 调查称重历史，了解不同材料、形式的杆秤；
2. 设计小杆秤：画出图纸，选择材料，标明数据；
3. 按设计方案制作小杆秤；
4. 测试小杆秤，理解小杆秤工作原理，分析称重产生误差的原因，提出调整修改方案；
5. 展示评价小杆秤。

在项目化学习过程中，学生首先经历了提出问题、合作沟通、有创意地美感呈现、使用技术、表达交流等学习实践，这些方法是他们在传统的学习情境中较少遇到的；其次，一系列开放性、挑战性的问题贯穿始终，促使学生进行复杂的、策略性的思考，提升了思维的水平；再次，多种科学方法的学习和运用指向科学、数学、艺术等跨学科知识，指向与学科本质有联系的核心概念，也促成了学生对知识的理解、整合和迁移运用。

在科学方法教育研究中，我们结合小学生的身心特点和认知规律，基于"学科育人价值"取向形成对科学方法教育价值和内容的新认识，提出了小学阶段科学方法教育的实施策略，希望成为推进小学科学课程改革的理论和实践生长点。

▶兰本达"探究－研讨"教学法对当前小学科学教学的启示[①]

当前的小学科学教学中，科学探究常常被僵化、简化为一种固定的模式：提

[①] 原文发表于《课程教育研究》2014年第15期，收入本书时文章标题和内容略有改动。

出问题、形成假设、设计实验方案、收集资料和分析数据、相互交流得出结论。环节多了，要想让学生展开充分的探究很可能力不从心。提出问题绕了一个大圈，完成制订和修正计划又用去许多时间，剩下能够展开活动的时间就少之又少了。因此，提供给学生一大堆实验用品却要求在三五分钟内结束实验，给学生一两分钟时间草草地讨论的例子屡见不鲜。如何使探究性学习不再走入形式化的误区？笔者认为兰本达教授的"探究-研讨"教学法给了我们深刻的启示。

一、兰本达教授及其"探究-研讨"教学法

兰本达（Brenda Lansdown）是美国哈佛大学教授，20世纪40年代创立"探究-研讨"教学法。1971年，以她为主要作者的《小学科学教育的"探究-研讨"教学法》（*Teaching Elementary Science Through Investigation and Colloquium*）在美国出版。1983年，人民教育出版社将这本书翻译成中文出版。

1979年，75岁高龄的兰本达应邀访问中国。当时人民教育出版社的刘默耕先生和北京师范大学的胡梦玉先生正在着手进行小学自然课的改革。为了使自然课程能够适应时代的发展，刘默耕先生将自然课程的目标由"让学生学到一些浅近的自然科学知识"改变为"启发和发展儿童主动地创造性地自行获得知识、技能和运用知识技能的能力"，把自然课由单纯的知识性学科改变为教育性学科，使学生在知识、志趣、能力、德、智、体诸方面都得到发展。在实际操作上，也由过去单纯的接受式改变为探究式。这个思路，在兰本达看来和她的"探究-研讨"教学法的思路"相类似"，通过这次访问，兰本达的"探究-研讨"教学法就和中国的自然课改革结合起来。

兰本达研究教学，是把智育放在人的整体发展这个大前提下来考察，是以"为什么教"（即培养什么样的人）为前提来考虑"教什么"和"怎样教"的问题。兰本达的课堂结构一般分为两个部分：探究和研讨。所谓"探究"，就是学生围绕研究目的，观察、操作和探究教师精心选择与组织的"有结构的材料"（即包含着概念的材料），收集事实和数据；所谓"研讨"，

就是将获得的事实和数据汇集起来,与教师、同学进行讨论、加工,学生根据自己的理解寻找其中的规律,获得科学结论。

"探究-研讨"教学法摒弃了传统的教师"说"、学生"听"的学习方式,要求学生主动地参与到整个探究阶段和研讨阶段的各个活动中来,根据自主探究获得的信息,以及同伴间对信息进行比对、加工后形成科学概念。

二、"探究-研讨"教学法的基本过程模型

兰本达教授说:"就我而言,概念是每节课的指路灯。"她的目标是让儿童的概念逐步在两个维度上得到发展:一是提高概念的水平,二是提高概念的功能,逐步使分散的概念互相关联,形成概念网络。兰本达认为,儿童建立概念的基础应该是"儿童用自己的语言来表达自己的想法"。因为"孩子们在摆弄操作材料时,许多发现进到了他们的头脑里,但只是些不明确的、片段的、易变的前语言信息。当孩子们一旦分享他们的发现时,通常会争相把他们的思维活动转变成语言,这一过程使思维活动被表达出来,而语言表达的活动又会影响后面的语言"。同时,"因为那些关于事实的陈述是孩子们自己的,那些陈述对每个孩子都是有意义的,而不是对成人的系统阐述的重复"。"探究-研讨"教学法促进学生科学概念建构的过程大致模型如图1-4-1所示。

在探究阶段,教师通过创设特定的探究性问题情境,为学生的自主探究学习定向。学生对现实材料进行探索,获得与自己原有概念不一致的全新的经验。教师要激活学生的思维,鼓励学生进行发散性思考,由此产生多种与问题解决相关的想法,哪怕只是一些模糊的想法。这一阶段的活动,要求能给学生提供动手动脑进行观察、实验、阅读的充分时间,这样,学生有了充足的时间和更为宽广的活动空间开展探究活动,使引领他们成为真正的学习主人成为可能。亲历科学实验活动过程,能让学生收集到大量信息,形成一些有关科学的初始概念。

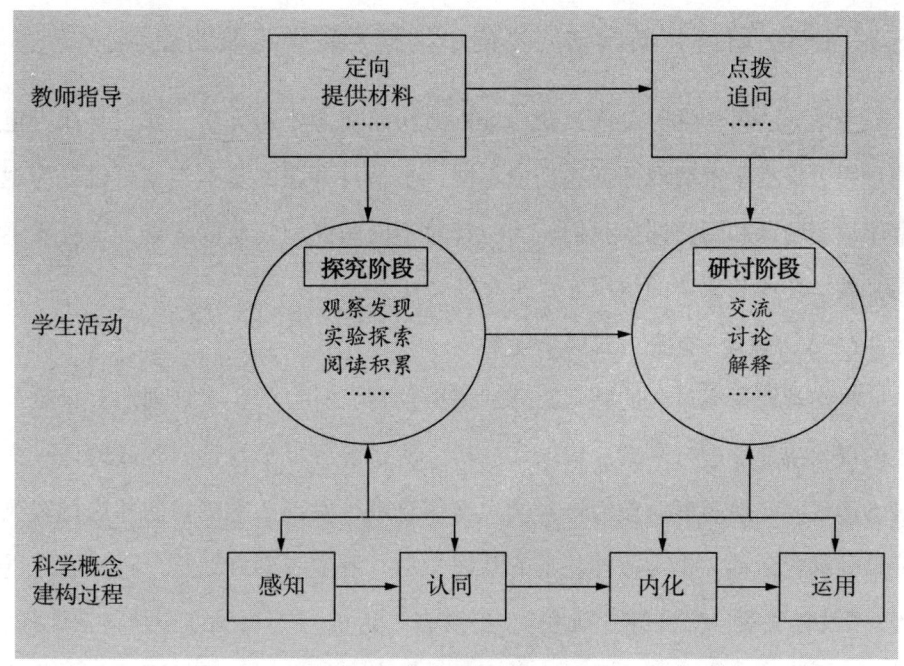

图 1-4-1 "探究-研讨"教学法促进学生科学概念建构过程的大致模型

研讨阶段，鼓励学生进行信息的比对和加工。这个过程充满了学生不同的个人认识与事实证据之间、个人认识与科学概念原理之间的冲突、矛盾。学生在这样的过程中，进一步暴露和明确自己的已有概念与认识，感受不同观点和解释之间的一致与差异，评价、解释、推论假设和证据之间的关系。在学生独立加工过程结束后，教师引导学生进行小组间分享或向全班同学展示与交流自己的发现、概括或结论，引导学生组织自己的想法，设法向他人说明，或者设法说服他人。至此，学生对自己的经验开始抽象化、理论化，使其成为一种可交流的形式。此外，学生还要通过比较其他可能的解释，特别是那些体现科学性的解释，对自己的解释进行修正、求证与评价。同时，学生要扩展自己的概念，使其与其他概念相联系，并运用所建构的新概念解释周围世界或解决新情境问题，从而实现对新概念的验证、应用和巩固。

三、"探究-研讨"教学法对当前小学科学教学策略的启示

小学生的科学学习是通过获得证据对初始概念不断完善、修正甚至否定的过程。根据学生获取证据途径的不同，小学科学课的基本类型可以分为观察课、实验课和阅读课。我们认为，针对不同的课型，获取证据方式有所不同，教学环境和教学的组织方式相应也会发生变化。

（一）"发现-交流"式科学观察

科学观察是通过人的感觉器官或借助仪器，有目的、有计划地对自然发生的现象或变化进行考察、记录和分析，从而解决一个科学问题或验证一个科学假说，是对观察对象所包含的丰富信息进行发现、准确观测并进行客观记录的综合活动。作为一种基本的认识活动，科学观察贯穿整个科学研究过程。"没有观察，就没有'研究'，更没有'认识'。"可见，小学科学课程、科学探究是以观察为基础的。小学生在科学学习活动中，通过对自然现象的观察，养成科学的思维方法和实事求是的科学态度，提升自身的科学素质，因此，科学观察是科学课的基础。我们也尝试指导学生通过"发现-交流"两个阶段开展科学观察的学习。

【案例1】"土壤中有什么"一课"发现"阶段教学设计

1. 学生观察刚从花坛中采集的土壤。

2. 师生共同讨论出尽可能多的观察方法，学生把土壤放入水中观察，观察土壤在水中的沉积状况，将晒干以后的土壤颗粒分类等。

学生观察自然状态下湿润的土壤会有许多发现，同时也会遇到问题——潮湿的土壤颜色深，黏成一团，很难观察得十分清楚。在这种情况下，通过教师的引导启发，学生自然想到把土壤晒干、碾碎观察，以及把土壤颗粒放在水中洗干净、沉淀等多种观察方法，把观察土壤的活动推向深入。先观察自然状态下的物体，再借助仪器、工具观察，先肉眼观察，再使用多种方法

进行观察，符合小学生观察事物的一般规律和儿童的认知规律。丰富的观察活动让学生收集到大量信息，形成一些有关土壤成分的初始概念。

【案例2】"土壤中有什么"一课"交流"阶段教学设计

1. 学生交流土壤颗粒的分类、大小、名称以及土壤在水中的沉积状况。

2. 教师演示实验：蒸发过滤后的土壤浸泡液，指导学生观察土壤中的盐分。

3. 师生交流腐殖质的观察方法。

学生亲历观察土壤的过程，收集到了大量信息，有了很多的发现。学生常常依靠感知到的信息形成的直觉来判断事物，形成一些初始概念，但这些概念往往是不全面的。在此基础上，教师鼓励学生进行交流，实现对获得信息的加工。同时，教师补充蒸发土壤浸泡液的演示实验，引导学生认识土壤中的盐分，并指导学生交流对腐殖质的理解。至此，学生对土壤的成分建立了更进一步的认识。

（二）"探索−讨论"式科学实验

当人们不满足在自然条件下观察对象，要求对研究对象进行积极干预时，就促使了科学实验的产生。科学实验和科学观察一样，也是搜集科学事实、获得感性材料的基本方法，同时也是检验科学假说、形成科学理论的实践基础，二者互相联系、互为补充。但实验是在变革自然中认识自然，因而有着独特的认识功能。科学实验中多种仪器的使用，使获得的感性材料更丰富、更精确，且能排除次要因素的干扰，更快揭示出研究对象的本质，因此科学实验在现代科学中占有越来越重要的地位。就小学科学课程而言，指导学生开展科学实验是科学学习的重点环节。我们也尝试以"探索−讨论"两个阶段开展科学实验的教学。

【案例3】"拱形的力量"一课"探索"阶段教学设计

1. 教师示范做一个纸拱,并讲解拱的各部分名称。讨论:是不是拱形能够承受更大的重量?应该怎样来研究?

2. 学生分组实验活动。

活动一:平纸与拱形纸承重能力的比较以及拱形纸受压后形状变化的观察。

活动二:怎样使拱形承受更大的重量?

活动三:搭一个积木拱,分析不塌的原因。

与传统课堂教学比较,这个"探索"阶段有这样一些特点:首先,学生进行实验活动的时间非常充分,几乎相当于整节课的一半时间;其次,这是由几个小活动层层递进有机整合成的大活动;再次,这是一个自主性很强、需要学生动手动脑相结合的活动,是活动空间很充分的探索实验活动。

在这一阶段中,教师不再事无巨细、面面俱到地进行活动前的指导,而是采用"任务单""问题卡"和有结构的实验材料等载体,有效推进实验活动的进行。"任务单"即向学生布置探究的任务。在"拱形的力量"一课教学中,教师将探究的问题以任务的形式出现,然后为学生提供充足的探究时空,让学生以小组为单位共同完成。在学生完成了前一个观察、实验活动后,教师又以"任务单"的形式引导学生将探究活动持续下去,走向深入。有些需要引导、组织学生展开讨论的观察实验,"问题卡"是一个好形式。上述教学中的"问题卡",要求学生用积木搭一个拱,并引导学生在小组中讨论积木搭的拱不塌的原因,有效推进了探究活动的继续进行。此外,实验材料的发放时机选择,也是分步有序推进实验活动的好载体。上述教学过程中教师并没有直接把积木放在各小组的实验桌上,而是在学生经历了"活动二"并做好记录后,才给各小组发放了一组积木,确保了实验活动的有序进行。

【案例4】"拱形的力量"一课"讨论"阶段教学设计

讨论：

1. 为什么拱形纸的承重能力比较强？你能给出自己的解释吗？
2. 要使拱形纸承受更大的重量，有哪些办法？
3. 用积木搭的拱不塌的原因是什么？

（教师根据学生回答板画、板书。）

在实验活动之后，让学生自己分析整理数据，不仅能学会一些科学的统计分析方法，而且能从分析的过程中反思自己的实验，或相互质疑。反思是一种重要的科学思想，实验活动结束后，通过观察各组数据的差异，看看自己的研究中有什么问题，哪些值得改正，哪些被忽略了，这将有助于学生更加周密地考虑自己的研究计划，更加规范地操作，养成严谨的科学态度。在表达对他人的质疑和评价时，需要表达自己对他人某一观点、证据、行为的肯定或异议，阐明自己的理由。这个阶段的评价，不能仅停留在判断正误的层面，需要学生用证据证明自己的观点，以证据让人信服。可以看出，"拱形的力量"一课整个交流与讨论的过程，不仅是学生的科学思维积极参与的过程，更是把信息转化为科学实证，形成科学概念的过程，学生对拱形能够承受更大重量的原因有了充分认识。

（三）"积累-解释"式科学阅读

提升学生的科学素养，靠任何一种单一的教学策略或学习活动都是无法达到的。许多科学知识和前人经验，因为课堂条件、环境的限制，并不可能完全靠科学观察和科学实验获得。在科学学习过程中，引导学生有针对性地开展科学阅读，有助于学生拓宽视野，加深对科学本质的认识，提升学生的科学素养。我们也尝试指导学生通过"积累-解释"两个阶段进行科学阅读类课题的学习。

【案例5】"地球的卫星——月球"一课"积累"阶段教学设计

1. 学生阅读教师提供的月球资料、图片以及自己搜集的有关月球知识的相关书籍，观看教师提供的相应视频。

    2. 学生将搜集、阅读的资料记录在"我的月球卡"上。

课堂教学中的科学阅读内容主要有文本和电子两种类型。文本内容如科学教科书中有关科学家的介绍、重大科学事件介绍、科学技术应用方面的介绍以及对教学内容的拓展或补充性知识介绍等。近年来，国内外一些科学教材、科普读物，如《科学探索者》《科学启蒙》等，也逐步进入我们的科学课堂，丰富了学生的阅读内容。电子媒体的阅读主要包括光盘、录像等视频资料。

科学阅读的方法有比较性阅读、求解性阅读、质疑性阅读、创造性阅读等。我们倡导学生边阅读边记录，养成良好的阅读习惯。读书笔记、摘记卡、科学小报等，都是很好的记录形式，有利于阅读习惯的养成和科学知识的积累。在以下教学案例中，学生通过阅读、摘记的一张张图文并茂、内容丰富的"我的月球卡"，体现了对月球相关知识的认识。

【案例6】"地球的卫星——月球"一课"解释"阶段教学设计
    1. 展示"我的月球卡"。
    2. 交流、解释有关月球的知识。

展示学生阅读积累的摘记卡、科学小报，并给予充分的评价，不仅是对学生阅读情况的检查，更要能激发、培养学生科学阅读的良好习惯。不同学生收集到的月球的知识可能是相同的，也可能会出现差异，这正是交流的价值所在——不仅是一个信息交流的活动，还是一个头脑风暴、知识不断扩展的过程。交流、解释的主题可以集中在月球的运动、月球的地形、月球与地球的比较等方面。这些主题可以平行展开，也可以有所侧重；可以分小组展开，也可以集中进行。有些如月球的公转周期等难度较大的问题，并不需要学生在一节课就完全理解，而是要让学生产生不断探究的兴趣。

四、思考

深刻理解兰本达教授"探究-研讨"教学法蕴含的教学理念,围绕这样的理念,针对不同的学习内容,可以生发出很多不同的教学方法。放手让学生独立自主地进行科学探究活动,并通过交流研讨寻求规律,使探究性学习不再走入形式化的误区,让学生真正成为科学课堂的主人。

▶理性思维在科学课堂的生长路径[①]

理性思维是一种对事物或基于问题进行观察、比较、分析、综合、抽象与概括的建立在证据和推理基础上的思维方式。它具有概念、判断与推理三种形式,正与小学科学教学"概念建构,探寻事物间因果关系,推理科学规律"的根本任务相吻合。但在有些小学科学课堂,往往重"材料"展示,轻思维"工具";重"实验"过程,轻思维"判断";重"收集"数据,轻思维"整理"。"活动有余、思维不足"成了当前小学科学教学的普遍问题,制约了学生科学素养和理性思维的发展。那么,如何更好地发展学生的理性思维,以及培养学生的探究精神呢?

一、在科学概念建构中发展学生的理性思维

概念是对某类对象、事件等共同属性的理性认识,它一般可分为日常概

[①] 作者现为杭州市大关苑第一小学科学教师、"邵锋星名师工作室"骨干教师张文杰老师。原文发表于《上海教育科研》2018年第5期,收入本书时文章标题和内容略有改动。

念(科学前概念)和科学概念。日常概念(科学前概念)和科学概念的建立都需要以大量的感性认识为基础,区别在于前者来源于日常生活,没有经过专门的教学,不够严谨,后者则是经过专门的教学,通过对大量的感性认知进行整理与分析,将其转化为理性的证据,再抽取出事物的本质属性和内部联系,并通过归纳与概括而建构起来的符合客观规律的概念。科学教学的主要任务,就是帮助学生运用比较、分析、归纳等理性思维工具,对日常概念(科学前概念)进行重新组合、提升,进而抽象概括出共同属性,建构出科学概念。科学概念建构的过程是学生思维加工的过程,通过科学概念的建构,能有效地发展学生的理性思维。

在现实的课堂教学中,教师往往对实验材料的结构性与典型性比较关注,而容易忽视师生语言表达的准确性以及对归纳、概括、抽象等理性思维的运用指导,使得科学概念的建构不尽理想。

例如:在上"电"单元的"导体与绝缘体"一课时,因有些教师未能清晰表达导体与绝缘体,只有导电"容易"与"不容易"的区别,没有"能够"与"不能够"的界线,所以学生在对教师提供的各种材料,通过实验、观察、分析抽象出"导体"与"绝缘体"这两个概念时,容易出现概念混淆等问题,经常用"能够导电""可以导电""善于导电"等语言来替代"容易导电",将"容易"与"能够""可以""善于"混为一谈。语言反映思维,教师语言表达不准确,反过来将影响学生思维的发展。关注语言的准确性,及时发现、纠正学生不准确的表述,努力将学生的思维和语言相融合,既是建立正确的科学概念的基础,也是发展学生理性思维的基础。

另外,在学生建构科学概念时,如果缺少归纳、概括、抽象等理性思维的运用,会制约学生理性思维的发展。还是以"导体"与"绝缘体"科学概念的建构为例,学生利用检测器对橡皮、小刀等物体进行了大量检测实验,得到了很多探究成果与实验现象。这些现象与成果是单一的个例、模糊的感性认识,要将之转化为概念还需进行整理、分析,归纳与概括出其中的共同特征。在这个过程中，教师应指导学生将口头的、不规范的表述，转化为规范的、清楚的文字表达，这是整理；其次，指导学生将这些文字进行分类罗列。如：

　　橡皮——不能点亮小灯泡，不容易导电；
　　小刀——能点亮小灯泡，容易导电；
　　纸板——不能点亮小灯泡，不容易导电；
　　回形针——能点亮小灯泡，容易导电；
　　塑料尺——不能点亮小灯泡，不容易导电；
　　钥匙——能点亮小灯泡，容易导电。
　　……

这是分析；最后，指导学生进行对比观察，通过多个真实的个别现象，不完全归纳出"能点亮小灯泡，容易让电流通过的物体是导体；不能点亮小灯泡，不容易让电流通过的物体是绝缘体"，这是概括。至此，"导体"与"绝缘体"的科学概念的建构才算完成。让学生参与抽象概括的全过程，让学生经历"实验收集感性现象—整理罗列证据—理性归纳概括"的全过程，就是建构科学概念的全过程。

二、在因果关系判断中发展学生的理性思维

　　单从概念建构的狭义角度来讲，科学教学就是运用概念、展开概念、完善概念，再到建构新概念的循环过程。概念建构的目的是运用概念做出判断，进而形成推理。而要做出判断，就必须展开概念的内涵与外延，探寻事物间的内在关系，分析整理定律与现象间的内在因果关系，并通过思维加工，对这一因果关系做出肯定与否定的论断。而要做出因果关系的判断，学生就必须运用思维工具进行理性分析，从而达到发展理性思维的目的。同时，做出判断可以反向强化学生对新建概念的理解。

　　例如，我们在建构"导体"与"绝缘体"的科学概念后，再出示铅笔、

电线等实物,让学生运用概念进行导体还是绝缘体的判断。在争论中明确笔芯是导体,笔杆是绝缘体,电线里的铜丝是导体,外面的橡胶是绝缘体。在对比中进一步明确概念的内涵与外延,起到强化概念的作用。

在布卢姆教育目标分类学中,分析、评价、创造被列为高阶思维的三种形式。在小学科学教学过程中,判断无处不在,如在猜测与假设环节,对猜测理由的判断;实验探究环节,对感性材料的判断;交流研讨环节,对证据真伪的判断;应用环节,对概念与现象是否相符的判断;等等。但在现实的科学课堂教学中,"判断"却未能得到教师的重视,将大量的时间与精力花在了实验的设计与安排上,花在学生对感性材料的收集上,而轻视了对感性材料的思维加工整理,轻视了对事物内在因果关系的判断。

例如:教科版《科学》教材五年级下册"时间的测量"单元第1课"时间在流逝",设计了"现在几点了""一分钟有多长"和"过去多少时间了"三个活动。这三个活动分别开展"估计时刻""估计时长""探究时间快慢"三个层次的教学。在这三个层次的教学过程中,我们都需要先让学生经历现象的收集,说出估计的理由,再经历思维的加工整理,进行因果论证,并在论证的过程中,做出证据真伪的判断与方法优劣的辨别。

但在现实教学中,许多教师会忽视证据真伪的判断与方法优劣的辨别。如第一个层次,围绕"现在几点了"这个问题,教师会组织学生对时刻进行估计,并让学生充分说明估计的理由,但时常忽视让学生对提出的理由与估计的时刻间进行因果关系的真伪判断。如第二个层次,围绕"一分钟有多长"这个问题,教师会组织学生通过脉搏的跳动、呼吸次数、有规律的数数等多样的方法,进行估计时长的充分活动,却忽视引导学生对估计方式的优劣进行判断。忽略了估计方式的判断,也就忽略了对整个单元研究"如何准确计时"中的因果关系的思考。

小学科学课是以"理"服人的学科，需要借助事实的论据进行说明与推断，因此结论与定律的得出需要真实、正确的证据进行支撑。同时，证据的转化来源于对实验与观察得到的、真实的感性材料的思维加工，没有经过思维加工整理的材料依然是材料，不是证据。从材料到证据的转化，关键在于能否分析整理出材料内在蕴含的因果关系、逻辑联系，并做出肯定或否定的思维判断，为后续推理出科学规律做好准备。这将决定着课堂最终的效果与效率，决定着学生理性思维发展的层次，决定着科学精神的培养成效。

三、在科学规律推理中发展学生的理性思维

推理是学生运用概念做出判断，再运用判断推出新判断的一种思维形式。科学推理能反映出事物发展的必然趋势，这个必然趋势也就是我们所说的科学规律。趋势是对未来的判断，并不一定都是学生亲身经历的事实，带有一定的想象成分。比如，我们在研究声音的传播条件时，通过真空铃实验，发现玻璃罩中的空气逐渐稀薄时传出的铃声越来越小。这是一种变化趋势，根据这个趋势，我们可以推理出声音不能在真空中传播的科学规律。同样，我们研究杠杆平衡条件时，通过多次实验，发现改变动力（臂）与阻力（臂）的大小（长短），可以实现杠杆的平衡。再通过计算，得出"动力×动力臂＝阻力×阻力臂"这一一般规律。这个科学规律是在有限实验与计算基础之上通过不完全归纳的方式得出的，同样带有一定的想象成分。当然，这种"想象"是以学生收集的大量实验事实为基础的，是一种"科学"的想象，是有据可依的想象。

基于以上理解，我们发现，学生推理科学规律的过程就是一个科学的想象过程，是以学生实验的真实现象与数据为出发点的有据可依的想象过程，是学生理性思维参与的想象过程。

在现实的科学教学中，也有可能会出现不想或乱想等现象。要避免这些

问题，我们在课堂教学时可以运用归纳、演绎与类比等推理的方式。

例如：教科版六年级下册《科学》教材，我们在开展"物质的变化"研究时发现，学生能运用已有的混合、燃烧等概念，对沙豆混合、白糖加热、蜡烛点燃、火柴燃烧等现象做出概括，建构起"物理变化"与"化学变化"的科学概念。接着，再依据"有没有产生新物质"这个本质属性，对"水结冰，咀嚼后米饭变甜，淀粉滴上碘酒变色，小苏打与白醋混合后冒泡，铁钉生锈，木材燃烧成炭"等过程中的变化做出判断，分辨哪些是物理变化，哪些是化学变化。最后，再依据这些判断进行概括，梳理出化学变化伴随的现象，并进一步推理出"物质变化一般可分为物理变化与化学变化。物质发生化学变化的过程中一定会发生物理变化"的一般规律。

在上述教学过程中，学生通过实验观察，建构"物理变化与化学变化"的科学概念，这一过程蕴含着归纳推理的思维形式。而之后对各种变化做出判断的过程，则是一个解释演绎的过程。最后，推理科学规律，则是在对实验现象做出判断的基础上，进行科学想象的过程。

统观整个科学探究过程，科学概念的建构一般要经历收集大量感性材料或数据、整理形成证据，最后归纳概括出科学概念的过程；判断则需要展开概念，分析整理现象与原理间的内在因果关系，论断是非对错；而推理则是运用概念，在判断的基础上，进行归纳、演绎与类比，形成新的概念与判断。

▶科学本质观视角下"意外数据"的价值与教学策略[①]

科学课的核心目标之一是引领学生懂得什么是证据、怎样获得可靠的证据去解释世界。科学探究活动中,数据是得出科学概念的重要依据。但在实际教学中,常常会出现一组或者几组不同于师生的预测、不符合"正确结论"的数据。教师应该怎样看待这些数据并实施有效的教学策略?本文就"意外数据"的价值与教学策略做一探讨。

一、"意外数据"的概念界定

某一年全国小学科学年会上的优质展示课"土电话"一课,探究的问题是:线的长短影响传声效果吗?各小组均预测线长了声音会减弱。通过实验活动,得出了以下数据(见表1-6-1)。

表1-6-1 线的长短对传声效果影响记录表

单位:分贝

组别	发声器的响度	短线传声接收到的声响	长线传声接收到的声响
第1组	98	78	82
第2组	95	76	62
第3组	100	70	74
第4组	103	78	80
第5组	99	76	72
第6组	96	72	77

很明显,6个小组的数据,只有2个组支持假设,4个组不支持假设。

[①] 原文发表于《上海教育科研》2010年第2期,收入本书时文章标题和内容略有改动。

又如，在"我们的小缆车"的教学中，学生研究悬挂数量不同的垫圈拉动小车，小车行驶相同的距离分别需要的时间时，产生了以下数据（见表1-6-2）。

表1-6-2 垫圈数量与小车行驶时间研究记录表

组别	1			2			3			4		
垫圈个数	4	5	6	4	5	6	6	8	10	5	7	9
时间（秒）	5.4	3.6	2.8	3.4	2.3	1.8	3.5	2.6	2.9	4.5	3.6	3.1

4个小组中有3个小组的实验结果为垫圈数量越多，小车行驶的速度越快，所需时间就越短；但第3小组实验结果显示，悬挂10个垫圈反而比8个垫圈小车行驶所需的时间更长。

以上两个案例，实验过程中都出现了不同于师生的预测、不符合"正确结论"的数据，我们把这样的数据称为"意外数据"。

对于科学概念学习中产生的"意外数据"，大多数教师往往把它当作一种错误，认为出现了"意外数据"也就意味着学生的实验失败了，也常常把"意外数据"当作教学过程中不应该出现的干扰，是教学活动中的"问题"，影响了教学目标的顺利达成，因而在教学过程中常千方百计防止、避免出现这样的波折和差错。

二、"意外数据"的产生原因分析

1. 实验变量的控制

控制实验中的变量，是保证数据准确客观的必要条件。从"我们的小缆车"的探究实验中我们可以发现，垫圈的递增个数，前两个小组等差1，后两个小组等差2。其实，三次实验的垫圈数变量完全可以更大一些，比如选取5个、10个、15个进行实验，这样变量差距变大了，实验数据会更加明显。

2. 实验材料的选择

在"土电话"一课的教学中，受教学场地的限制，教师提供的短线的长度为 2 米，长线的长度不到 5 米。可以改进实验的材料——让长线更长些，这样，声音的减弱会更加明显。"我们的小缆车"一课，小车行驶的距离也影响着研究结果。实验中小车行驶的距离太短（在不大的实验桌上行驶），时间短，差距甚至只有零点几秒，计时准确性的要求就十分高，产生"意外数据"的可能性就增加了。可以为学生提供一块较长的木板，使小车行驶的距离更长，时间的差距会大些。

3. 探究环境的影响

在"土电话"一课教学过程中，隔壁音乐教室不断传来学生的歌声，窗外操场上一个班的学生正在打篮球，会场里近 300 名听课教师也不时相互讨论。毫无疑问，课堂环境直接影响了实验结果的准确性。一名现场听课的老师说："如果能够把孩子们带到安静的田野里去完成这个探究活动，该有多好！"

总之，科学探究过程不是一帆风顺的，并不是按照计划就能顺利达成。它总有新的情况出现，存在很多不确定的因素。"意外数据"正是探究活动科学本质的一种体现。

三、"意外数据"的应对与教学策略

科学探究是对未知领域的研究活动，是无法完全预知结果的。特级教师章鼎儿曾说："把小学生当成小学生，把科学探究活动当成科学探究活动。"这句话说明，在探究过程中"意外数据"的出现不仅是正常的，更是对学生进行尊重事实、尊重数据、体悟科学本质教育的良好契机，有着特殊的教学意义。

1. 抓住教学生成，不放过契机

当教学中出现"意外数据"时，教师可以鼓励学生针对"意外数据"

提出疑问，发表想法，看看是否有新的发现。教师可以提醒：老师发现了一组十分重要的数据，你们发现了吗？为什么会不一样呢？这里面一定有文章，要知道科学家在研究的时候，不一样的数据往往可能是一个重大发现的开始。

回到"土电话"教学中，教师认为"意外数据"的出现是实验产生了错误。为了能够得出想要的数据，实现教学"成功"，于是就否定"意外数据"，并要求学生重做一遍实验，结果拖堂了十几分钟。事实上，数据本身没有问题，是教师对待数据、处理数据的态度出了问题，错失了很好的科学教育契机。比较好的做法是，先引导学生达成这一节课的研究共识：2个小组的数据支持假设，线长了声音会减弱；另外4个小组的数据并不支持假设。可以在第二节课让学生继续探究这一问题。当然，在动手操作前要引领学生多考虑实验细节，控制课堂噪声，操作时每组设置实验监督员以保证实验按方案进行，让学生依据探究活动达成新的共识。这样，对全班学生来说以后就不会轻易放过每个特别的数据了，且知道这种情况该如何处理。对那些出现"意外数据"的学生来说，自己的研究受到重视，后来经反复实验、找出原因，又受到表扬，探究积极性也更高了。

可见，看似没有规律的"意外数据"，无法建构科学概念，恰是让学生体悟科学本质、培养理性态度的好机会。科学教师要勇于直面"意外数据"，引领学生去思考、去发现，重视事实根据，合理怀疑；倾听和考虑他人的不同观念或解释；注意考察任一数据来源的可靠性及重现性；多次实验，根据新的证据，补充、修改已有的意见。这样，学生在探究过程中就会获得面对问题要积极解决的陶冶。

2. 反思查找原因，不模糊搪塞

许多科学发现、发明是从"意外数据"中获得灵感的。科学家在进行科学实验的过程中，常常会把发现的"意外数据"当作一个重要的信息来对待，甚至认为它的重要性大于其他"成功"数据。在科学教学中，教师要引导学生像科学家那样,高度敏感地留意"意外数据",把它也当作一个十分重要的信息,进行认真分析。

有些教师为了顺利地完成既定的教学任务,在让学生汇报实验结果时,常常一听到正确的结论就让交流戛然而止,不再展开。还有些教师在教学中明明发现有个别小组存在"意外数据",但是为了追求课堂教学的"成功",敷衍、搪塞甚至刻意回避"意外数据"。

在"磁铁的磁性"一课中,学生在研究"磁铁各部分磁性的强弱"时发现:在条形磁铁上等距取了 A、B、C、D、E 五个点(示意图见图 1-6-1),在各点上挂首尾相连的回形针,根据所吸回形针的数目来判断磁铁各部分磁性的强弱。研究后,学生的数据统计结果见表 1-6-3。

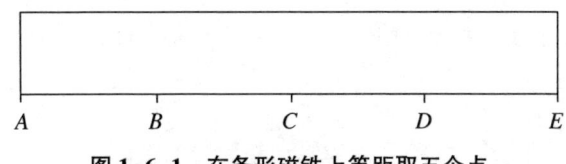

图 1-6-1　在条形磁铁上等距取五个点

表 1-6-3　磁铁各部分磁性强弱记录表

组号	A 点 吸回形针个数	B 点 吸回形针个数	C 点 吸回形针个数	D 点 吸回形针个数	E 点 吸回形针个数
1	8	5	0	5	7
2	5	6	0	5	5
3	8	5	0	7	7
4	5	5	0	7	5
5	5	4	0	2	8
6	12	6	0	6	7
7	5	4	0	5	7
8	7	5	0	4	6

仔细分析这张表,可以发现:8 个小组中只有 5 个小组的数据是 A、E 两

点吸的回形针最多，有些组的 A、B 点或 D、E 点吸的回形针数一样多，有 2 个小组甚至是 B、D 点吸的回形针数最多。教师跳过这些数据，得出"磁铁两端磁性最强"的结论，是不符合尊重事实、尊重数据的科学精神的。

这个实验学生的确难以控制，如果改进实验的材料和形式，将有助于学生更好地探究。比如，每个点的第一个回形针不是"听话"地停留在我们选定的位置，而是往磁极方向偏移，我们可以用绕在磁铁上的橡皮筋协助；一个接着一个挂回形针时，会因为回形针间接触面的大小而影响结果。我们也可以更改实验形式，改为在与磁铁 A、B、C、D、E 点等距的地方放置铁类物体，平移磁铁，根据磁铁能吸引铁移动距离的长短来判断磁性的强弱；A、B 两点的磁性强弱相差较少，吸的回形针数一样多，我们可以为学生提供有结构的学具——准备一些比回形针更轻的整根大头针、$\frac{1}{2}$ 根大头针、$\frac{1}{4}$ 根大头针……

3. 合理确定概念，不以偏概全

如在"我们的小缆车"的课堂教学中，由于出现了"意外数据"，我们就不能马上得出结论：拉动小车的垫圈数量多，小车的运动速度快；拉动小车的垫圈数量少，小车的运动速度慢。必须尊重事实，避免在证据不充分的情况下做出判断，避免以偏概全地得出概念。比如可以引导学生这样表述："我们这节课研究达成的共识是——3 个小组的实验数据认为拉动小车的垫圈数量多，小车的运动速度快；拉动小车的垫圈数量少，小车的运动速度慢。1 个小组的实验数据不支持这个说法。到底是不是这样，还需要继续实验研究。"让学生课外研究结束再把结论拿回班上公布分析，达成新的共识。

再如，在"摆的研究"一课教学中，学生研究摆锤的轻重与摆的快慢有没有关系。实验时分别测摆锤 1 个螺帽重和 2 个螺帽重时 15 秒内摆动的次数。实验结束后汇报，有一小组汇报如下（见表 1-6-4）。

表 1-6-4　摆锤的轻重与摆的快慢研究记录表

摆锤的重量	摆动的次数			我们的发现
	第一次	第二次	第三次	
1 个螺帽重	17	17	17	
2 个螺帽重	17	16	17	

学生得出结论：摆的快慢与摆锤的轻重无关。教师也忽略了"16"这个数据的意义。

面对"意外数据"，要引导学生仔细梳理探究的全过程：实验的设计有没有问题，实验过程是否严格按照设计进行，实验的材料有没有异样，实验过程中变量的控制是否到位。如果找到问题的症结所在，就应该调整失误之处，重复实验，看看实验的结果有没有变化。如果在反思中没有找出问题，说明自己的数据是正确的，仍应进行重复实验，强调实验结论的可验证性。最后，实事求是地根据全班各组的研究数据，形成研究共识。

"永远不要对孩子说，你错了。"我们应该关注教学过程中"意外数据"隐含的科学教育价值，适时地调整我们的教学策略，让"意外数据"的出现成为发展学生科学素养的良好契机。

2 科学概念怎样教

- ▶ 概念不相容原理及其对概念转变教学的启示
- ▶ 小学生科学前概念的测查与分析——以"电"为例
- ▶ 促进科学概念转变的教学策略——以"光"为例
- ▶ 指向深度学习的小学科学概念教学
- ▶ 具象·联结·论证：基于可视化的科学概念教学策略探寻
- ▶ 儿童"思想实验"：指向深度学习的小学科学教学案例研究
- ▶ 基于科学概念学习进阶的实验活动设计——"水和水蒸气"课堂教学实录与评析
- ▶ 概念的理解与建构：以"空气占据空间"概念为例

  基于科学素养教育理论研究的概念教学，对科学概念怎样教这一核心问题很有帮助。促进学生对科学概念的深层次理解，发展学生的科学素养，是科学教学的主要任务之一。

  学习科学的研究表明，儿童总是带着他们在日常生活中通过积累经验而获得的前概念进入学习。因此，科学学习过程也常常被认为是学生原有概念的丰富和修正，由前概念向科学概念转变的过程。基于此，本章和大家共同探讨如下观点：

  1. 以本体论的观点分析概念结构，探讨本体类别内的概念转变与跨越本体类别的概念转变的难易程度及原因分析。

  2. 注重前概念探查与分析，为概念教学提供真实依据，在此基础上采用适当的教学设计，促进学生概念转变。

  3. 基于儿童认知特点和科学概念的学习规律，设计认知冲突、观察实验、科学论证、理解运用等学习活动过程，促进学生对科学概念的深层次理解。

  4. 灵活选用多种学习方式，如可视化学习、科学游戏、思想实验等，帮助学生进一步理解和建构科学概念。

▶概念不相容原理及其对概念转变教学的启示[①]

所谓概念转变，是指学生原有概念改变、发展和重建，由前概念向科学概念转变的过程。有关概念转变学习理论大多来自建构主义思想。近年来，以促进学生概念转变为目标的科学教学探索，成为科学教育研究和实践中重要的领域之一。然而，从当前情况看，概念转变教学的实践效果并不理想，即使是科学教育发展较早的美国，大量的研究结果也表明科学教学并没有很好地促进学生对科学概念的掌握。本文拟在分析传统概念转变学习在理论和实践的困境的同时，详细介绍概念不相容原理及其对概念转变教学的启示。

一、概念转变学习的理论与实践困境

概念是思维最基本的形式，也是构成知识的最基本成分。许多研究者认为，科学学习体现为学习者科学概念的发展或转变，而不是一些孤立信息的增加。由此，研究者提出了诸多概念教学模型，其中最具影响的是波斯纳等人从认识论角度提出的概念转变模型，还有奥斯本等人基于认知心理学视角提出的概念教学模型。

波斯纳等人从认识论角度提出概念转变模型。该理论首先将科学学习过程看作学生原有概念的发展、修正或转变的过程，并试图解决以下两个问题：①原有的概念及其结构的什么特征控制了对新概念的选择？②学习者头脑中的概念是在什么样的条件下被另外一种概念取代的？波斯纳等人在此研究基础上提出了"概念转变"的四个条件：①人们除非感受到自己的概念不具有

---

① 原文发表于《小学教学研究（理论版）》2012年第32期，收入本书时文章标题和内容略有改动。

功能性,否则是不会改变自己所思考的概念的,即学习者必须对原有的概念感到不满意;②学习者必须能够理解新的概念,才可能进行概念转变;③新的概念必须是合理的,学生能相信新概念的真实性;④新的概念必须是有效的,它是解决某些问题的更好途径。根据波斯纳的观点,如果满足了以上四个条件,学生就会发生概念转变。

奥斯本等人提出,促使学生发生概念转变的教学由四个阶段组成。①准备阶段:教师要理解科学家、学生以及自己对新概念的观点,其中最重要的是对学生前概念的了解。②关键阶段:创设真实的生活情境,促使学生理解新概念。③质疑阶段:鼓励学生阐明自己的观点,让学生相互质疑、辩论、交流、研讨。④应用阶段:提供各种情境让学生应用新概念。可见,这一模型旨在促进学生对概念的信息加工。

这两个模型都吸收了皮亚杰基于儿童行为观察和言语访谈而提出的意义建构学习观,所以都注重学生的已有知识和积极参与。但模型各环节似乎更多是从学习目的和学习结果的角度,而不是依据学习发生的内在机制去构建的,因此难以真正促使学生发生概念转变。在科学教学实践中,人们发现要改变学生的某些前概念是非常困难的,原因是学生的前概念可能是个人的、顽固的、强韧的、稳定的,这些性质会阻碍学生在科学学习过程中进行概念的转变。这些都导致了概念转变学习在理论和实践中的双重困境。

二、概念不相容原理的主要观点

齐等人改变了概念理论研究的视角,以本体论的观点分析概念结构,将概念分为物质、过程和关系三类,每一个基本类型下又有若干子类别。所谓"物质本体类别",指的是具有特定属性的范畴,如金属、生物等;所谓"过程本体类别",指的是随时间改变而发生一种变化的范畴,如声音的传播、溶解、心肺循环等过程;所谓"关系本体类别",指的是依赖于相互作用而产生的范畴,如力学理论、守恒、食物链等。依照概念转变经历的情形,可以将概念转变分为本体类别内的概念转变与跨越本体类别的概念转变。

1. 类别内的概念转变

所谓类别内的概念转变，是指概念转变的发生是在同一本体类别内，而不是跨越不同的本体类别。换言之，这种转变知识是在同一类别内的概念归属转变，可视为信念上的修正，属于"轻微的概念转变"。这种类别内的概念转变情形是一种常见的转变，并不需要改变本体类别，概念原来的意义并未改变。许多学习的情形基本上是信念上的修正，它们只需将学习者现有知识里的部分属性，改成其他正确的属性就可以完成。

2. 类别间（跨越本体类别）的概念转变

类别间的概念转变是科学概念从一个本体类别迁移到另一个本体类别，这种类别间的转移称为"根本的概念转变"。在概念转变的过程中，齐等人认为有三项是必须经历的步骤：①学到本体分类方式；②学到个别概念的意义；③重新指派概念到新的分类方式上。它可能有三种范式：主动放弃原来对某一个概念的定义，并以新的意义取代；使新、旧概念并存，而新、旧概念出现的实际则视情境而定；通过教学等方式加强新概念的意义，放弃旧有的概念。

齐等人认为，造成学生在学习科学时发生困难的最主要原因在于：学生要表征的某一个概念的类别，与它在科学上真正所属的类别之间存在着错误的组合，或是不相容的情形；而当这种情况发生时，学生会将新的信息同化到他先前的或是错误的概念类别中，因此学生就很难对这个概念产生彻底的理解。举例来说，在科学概念中，电流的概念属于过程类别，但由于学生把电流和水流类比，常将它放置到物质类别里，认为它具有物质的特性，那么对于电流这个概念，可能就会赋予"占有空间""具有体积质量"等属性。因此，我们常可见到学生对电流的概念会出现"它可以储存在电池里""电流会用完"等错误概念。

三、概念不相容原理对科学概念转变教学的启示

根据概念不相容的观点，概念转变的难易与概念的本体属性具有很高的相关性。可见，学生对某些科学概念的学习存在着很大的困难，并不是因为这些科学概念本身是复杂的、抽象的或是动态的，而是因为学生的前概念和科学概念属于不同的本体类别。这一观点给科学概念转变教学带来了启示。

1. 小学科学教师要积极学习有关概念转变的教学理论并付诸实践

当前，努力帮助学生实现必要的概念转变应被看作一项主要任务。正如明茨斯等在《促进理解之科学教学》（Teaching Science for Understanding）一书中所指出的："教师面对的挑战是，如何寻找不同的经验来设计问题、实验以及示范，以要求学生重新思考他们的想法，但又不至于去强调他们现有的想法是'错误的'。教师必须发展或引出更具创意性的策略，针对学生学习的需求，以及他们特有的迷思概念。这种教学需要高度专业的学科知识，需要用来设计概念挑战的技能与经验。"科学教师必须关注概念转变的研究，积极学习有关观念转变教学理论，并将概念转变教学策略运用于科学教学之中。

2. 在教学中，教师不仅要诊断出学生的前概念，而且要对前概念和学生预期学习的科学概念做出具体的分析

教师要确定哪些概念属于物质本体类别，哪些属于过程或关系本体类别，并分析学生的前概念和预期学习的科学概念之间是不是属于同一本体类别，这是进行有效概念转变教学的前提。概念不相容原理表明，学生要进行跨本体类别的概念转变是比较困难的。如果让学生自己去探究、去发现，就如同现实中的科学发现过程一样，而科学发现的过程往往是"科学共同体"社会建构的过程，其发现的机制与学生的探究发现是不同的，因此对学生来说，跨本体类别的概念转变是一件非常困难的事。所以，在科学教学中，自主探

究的教学主题最好限定在本体类别内的概念学习，否则将很难实现学生真正的概念转变。

3. 概念不相容原理为培养学生的创造力提供了可操作的依据

培养学生的创造力一直是科学教育追求的重要目标之一。但在传统科学教学中，学生创造力的培养往往因为没有可操作的理论依据而流于形式。根据概念不相容的观点，创造力是指学生可以从不同取向去表征和理解一个概念，这里的不同取向可以视为概念在不同本体类别上的差异。在科学史上，许多具有创造性的发现正是成功地跨越了本体类别的边界。在科学教学中，通过一定的教学策略，引导学生实现跨本体类别的概念转变，能够很好地培养学生的创造力。

4. 概念不相容原理同时表明，类比策略在科学教学有着重要而独特的价值

与认知冲突相比较，类比可以使学生产生更大程度的知识转变，这对学生进行跨本体类别的概念转变更加有效。科学教学中，我们要适切地应用类比策略启发学生展开想象，并将学生的前概念连接到预期学习的科学概念上，以达成概念转变的目的。

总之，概念不相容原理有助于了解传统概念转变教学中的困境，从本体论的角度分析概念的结构，将概念分为"物质""过程"和"关系"三个本体类别，在此基础上进一步明确了"本体类别内"与"跨本体类别"两类不同的概念转变模型，使我们对概念转变机制有了新的认识，也为科学教学实践提供了可操作的新思路。

科学素养怎样教?——一名特级教师的教学笔记

▶小学生科学前概念的测查与分析[①]
——以"电"为例

20世纪70年代以来,科学教育学者们在概念学习的研究中发现,学生也许可以熟记许多科学名词、科学事实、科学理论,但是对于这些名词、事实、理论并没有真正理解。这是因为学生在学习科学课程之前,头脑里并非一片空白。学生通过日常生活的多个渠道和自身的实践,对客观世界中的许多事物已经形成了自己的看法,并在无形中形成了独特的思维方式。这种在接受正规的科学教育之前学生自己形成的想法一般称为前科学概念或前概念,也有学者将这些想法称为另类概念。这些概念一旦形成,通常根深蒂固、不易改变,学生往往坚信其是正确合理的,即使学生发现科学教科书或教师讲授的科学知识与其想法相悖,学生依然会认为自己的想法才是正确的。因此,若不对学生的前概念进行测查、分析,在此基础上采用适当的教学设计,学生不会轻易改变他们的另类概念而接受正确的科学概念。

有关"电"的学习,教科版等多个版本的小学《科学》教材安排在四年级下册"电"单元和六年级上册"能量"单元进行。事实上,"电"是一个很抽象的名词,但又与生活息息相关,儿童许多电学的用语与概念来自日常生活经验或课外读物,形成了一些错误的前概念。本研究旨在探查小学生关于"电"存在哪些前概念类型,以期为小学科学教学提供参考。

---

① 原文发表于《小学教学研究(理论版)》2013年第17期,收入本书时文章标题和内容略有改动。

一、研究设计

本研究以浙江省杭州市16所小学为研究样本，对这些学校四年级部分学生（共478人）进行问卷测试。其中，杭州江南实验学校等城区小学4所，受测人数占25%，建德市明珠小学等城镇小学7所，受测人数占43.75%，淳安县千岛湖镇青溪小学等农村小学5所，受测人数占31.25%。在学生完成问卷测试后，根据问卷填写情况，对部分学生进行访谈。

二、测试工具

以《义务教育小学科学课程标准》中内容标准为依据，10道测试题中，电路连接问题1题，电流方向问题1题，电流强弱问题2题，电池和小灯泡的构造各1题，电池与灯泡的串联、并联及应用4题。在访谈时，适当引导学生说出对题目的理解与分析。

三、结果分析

（一）量化资料分析

在475份有效样本中，10道测试题正确率百分比统计结果如下。

1. 统计结果显示，16所学校学生测试的平均正确率为38.1%，城区小学生与农村小学生虽然生活环境有所不同，但对于"电"的前概念整体上无明显差异，正确率分别为38.2%和38.0%。

2. 题2、题3对电池和小灯泡构造的认识，农村小学生正确率明显高于城镇小学生。通过访谈，发现原因是农村小学生在日常生活中有更多机会亲自动手操作干电池和小灯泡，对它们有过认真观察。

3. 统计结果同时显示，小学生对"电"的前概念有一少部分与科学概念大体一致，但更多属于有局限的、不完整的或与科学概念相悖的迷思概念。

各测试题正确率统计结果如图2-2-1所示。

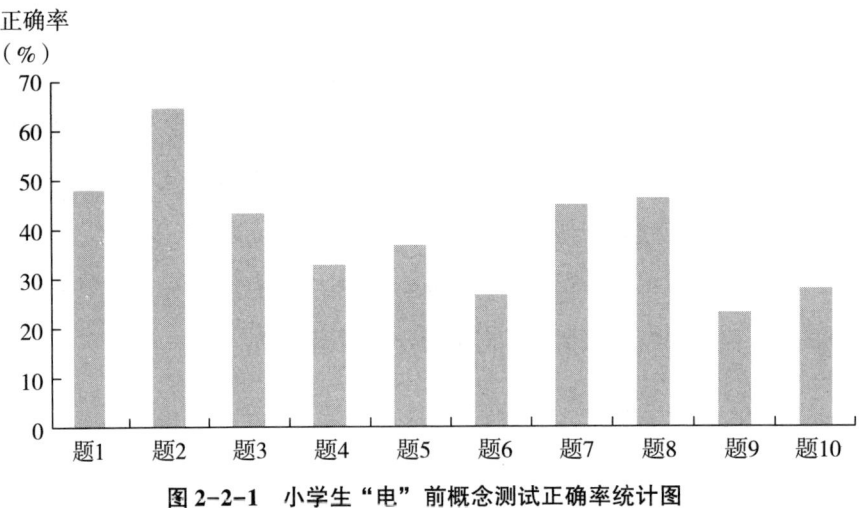

图 2-2-1 小学生"电"前概念测试正确率统计图

(二) 学生关于"电"的前概念类型分析

1. 学生对电池和小灯泡构造的前概念

(1) 65%的小学生能够画出干电池的形状,题2是10道题目中正确率最高的一题。表明学生由于在日常生活中观察、动手操作过干电池,因此有了一定的认识。在访谈中同时发现,有学生认为"电池有没有正负极,要看电池本身长的样子"。

(访谈一)

  师:这种电池有正负极吗?(拿出纽扣形状电池)

  生:这个嘛,没有正负极。

  师:为什么?

  生:它的形状不对。

其实,所有的电池都有正负极,只是有的电池没有标示而已。

(2) 对于小灯泡构造中的玻璃泡、灯丝和金属架,大部分小学生有正确的认识。但是78.2%的城镇小学生和57.1%的农村小学生不能正确指出小灯泡的两个连接点。

2. 学生对电流的前概念

学生对电流的前概念主要表现为以下几类。

（1）单极模型

如图 2-2-2 所示，小灯泡只与电池正极相连接，与电池负极没有连接。一部分学生认为电池是有电的，只要用导线将电池的电连接到小灯泡，小灯泡就会发亮。

（2）对冲模型

如图 2-2-3 所示，电流从电池两极流向灯泡。这个模型的名字来自访谈过程中学生对小灯泡发亮的解释："电池两端都放出电流，在中间小灯泡的地方对撞了……小灯泡就发亮了。"与单极模型相比，对冲模型反映了这部分学生认为导线必须从正极连到小灯泡，再从小灯泡连接到电池负极。

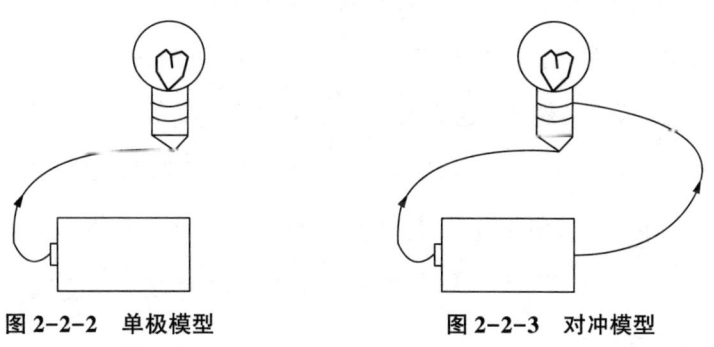

图 2-2-2　单极模型　　　　图 2-2-3　对冲模型

（3）衰减模型

如图 2-2-4 所示，电流沿着一个方向在电路中流动。电流从电池一端离开后，一部分电流被灯泡"消耗"，因此只有较少的电流返回电池。在串联电路中，越在后面的小灯泡接收的电流越少，也就越暗。这在小学生当中是非常普遍的看法。

（4）科学模型

关于电流，也有部分学生同意公认的科学模型（见图 2-2-5），认为电流在电路中沿一个方向流动并且守恒。

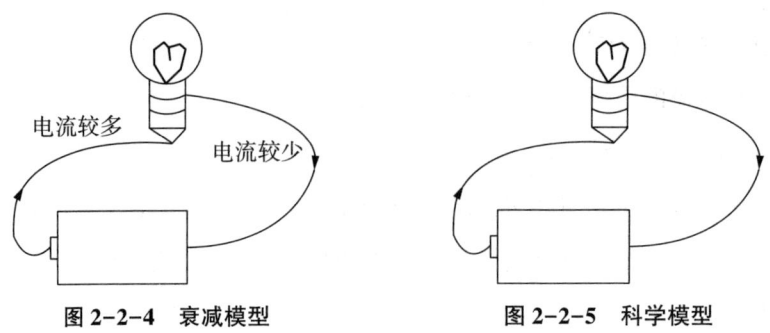

图 2-2-4　衰减模型　　　　　图 2-2-5　科学模型

在受访学生中，持单极模型观点的占 7.1%，27.3% 的学生持对冲模型观点，持衰减模型观点的竟高达 45.6%，说明在小学生的电流前概念中这种观点具有普遍性，持科学模型观点的占 20%。

3. 学生对电路连接方式的前概念

学生对电路连接方式的前概念有以下几种类型。

(1) 串联和并联常混淆不清

测试结果发现，题 5、题 6 及题 9 是正确率最低的三个题目。与学生访谈后发现，绝大部分的学生无法将电池、小灯泡的串联和并联的定义说清楚，也有些学生知道串联和并联不同，但是不知道哪种连接是串联，哪种连接是并联。

（访谈一）

师：你能告诉我电池什么情形是串联，什么情形是并联吗？

生：并联就是电池保持平行……串联就是有两个连接在一起。

师：请问第 9 题 B 图（书中略）是属于电池的串联还是电池的并联？

生：这个应该是串联，不，是并联吧！我想一下，应该是……串联才对。

（访谈二）

师：第 7 题和第 8 题灯泡的连接方法有什么不同？

生：的确是不同的。

师：你知道哪个是串联哪个是并联吗？

生：这个……我说不清楚。

但是学生凭借自己对简单电路图的理解，对于题 7 和题 8 中 A 灯泡坏了以后 B 灯泡是否仍然发亮的判断，正确率达到 42% 和 51%，高于平均水平，显示这一问题对学生来说并不是难点。

（2）电池串联和并联对灯泡的效果都一样，只是连接方式不同而已

从题 10 的作答情况发现，学生只有 24% 的正确率，大多数学生认为电池串联和电池并联对灯泡的使用效果相同。

师：这两个灯泡，谁会更亮一些？你写一样亮，为什么你会这样认为呢？

生：我是猜的……

师：那你觉得这个电池的连接方式对灯泡亮不亮有没有影响？

生：应该没有吧！

师：为什么？

生：因为都是两个电池啊！

（3）灯泡串联时，以电流先通过哪个灯泡决定明暗

题 6 的作答与访谈资料显示，相当数量学生持有电流"衰减模型"观点，选 A 灯泡更亮的答案不少。主要原因是学生普遍认为电流是一种会消耗的东西，从正极出来后，先通过 A 灯泡，消耗了一些，再往 B 灯泡移动，电流也就变得少一点。

师：你为什么认为 A 比较亮呢？

生：因为电流先通过 A 啊！然后会在 A 消耗一些，再流到 B，所以 A 会比 B 亮。

（4）灯泡并联时，靠近电池的灯泡会比较亮

从访谈中发现，部分学生认为灯泡并联时靠近电池的灯泡会较亮。

师：你为什么会觉得是A灯泡比较亮？

生：因为它离电池比较近。

师：你的意思是离电池越近的灯泡越亮？

生：对啊！因为电从这边流出去后，跑跑跑，跑到A灯泡，再跑跑跑，跑到B灯泡。可是因为路途比较远，所以电就累了，所以灯泡就越来越暗。

4. 学生对电学其他方面的前概念

从与学生的谈话中，也可以发现学生对于电学其他方面的迷思概念。

(1) 电路图形的变化会给小学生造成误解

题1中的图A和图I（书中略），虽然是一样的电路连接方式，但学生却勾了A忽略了I，或是勾了I忽略了A。甚至有学生认为，灯泡倒置了，即使连接正确，也不会亮，这是图形变化成为概念判断的干扰因素。

师：图A和图I不是一模一样的电路装置吗？为什么你勾了A，却没有勾I？

生：因为……我觉得图I的灯泡怪怪的。

师：怎么怪？

生：就是它放的方法和图A不一样啊！

师：放的方法不一样？是哪里不一样？可以说得细一点吗？

生：就是这个灯泡（图I）是放倒的，这个（图A）是正的，放倒的应该不会亮。

(2) 电线的曲折会干扰学生思考

师：你认为第9题中的图C跟图E有什么不一样？

生：C是电池串联在一起，E是……

师：是什么？

生：它们中间有电线！说不清……

四、研究结论

1. 学生由于日常生活中观察、动手操作过干电池和小灯泡，因而对其构造有一定的认识，但是有相当部分学生不能正确指出小灯泡的两个连接点。

2. 学生对电流的前概念主要有单极模型、对冲模型、衰减模型和科学模型等几种认识，其中持衰减模型观点的占有最高比例。

3. 学生对串联和并联常混淆不清，认为电池串联和并联对灯泡的效果都一样；灯泡串联和并联时，以电流先通过哪个灯泡或者灯泡是否靠近电池决定明暗。

4. 电路图形变化会给小学生造成误解，电线的曲折会干扰小学生思考。

五、对课程实施和教材内容安排的建议

以上是基于问卷调查（扫描右侧二维码可了解问卷具体内容）和访谈了解的小学生在学习电学前可能具有的各种前概念情况。近年来小学科学课堂教学实践证明，小学四年级的学生在观察和描述电池、小灯泡、导线构造基础上展开简单电路的探究是可行的。学生对点亮小灯泡、连接简单电路充满兴趣，说明这是能引发学生探究的典型活动。我们的研究结果进一步证明，在小学阶段，教学应该定位在引导学生研究简单电路，简单的电池、灯泡串联和并联的一般规律，而引导学生对较为复杂的串联、并联电路以及电压等概念进行探究则相当困难，小学生在这些方面的前概念将大大干扰对这些问题的探究。

▶促进科学概念转变的教学策略[①]
——以"光"为例

学生的前概念会影响科学概念的学习,因此,科学教育学者们投入了大量的时间和精力来探究学生的前概念。但相关的论文和专著主要集中在探究学生物质科学领域的前概念,对小学生"光"前概念的研究较少,且缺少广度和深度,所以需要做全面性、系统性的探究。本研究的目的就在于发展检测小学生"光"前概念的方法,以期有效地检测学生的前概念,以此作为科学教师采用概念教学策略促进学生概念转变学习的依据。

一、研究设计

本项研究采用自编的"个人认识问卷"作为测查工具,该问卷是在分析参考国内外有关"光"概念个人观念测试内容的基础上,针对我国小学生的特点以及国内小学"光"教学内容的实际情况而制订的。以《全日制义务教育科学(3—6年级)课程标准》(实验稿)中"内容标准"和教科版小学《科学》五年级"光"单元内容为依据,在20道测试题中,有关光的传播路径概念、光与阴影概念、平面镜反射光线概念、凸透镜折射光线概念、光和热的关系概念各4题。在个别访谈时,适当加入对学生关于题目理解与分析的测查。

本研究以浙江省16所小学为研究样本,对这些学校五年级部分学生(共378人)进行问卷调查。其中杭州江南实验学校等城区小学3所,受测人数占27%,建德市明珠小学等城镇小学8所,受测人数占43.8%,淳安县千岛湖镇青溪小学等农村小学5所,受测人数占29.2%。共收回有效问卷372份,对全部的有效问卷进行数据统计。在学生完成问卷测试后,根据问卷作答情

---

① 原文发表于《教育科学论坛》2015年第43期,收入本书时文章标题和内容略有改动。

况,就典型意义问题对学生进行个别访谈。

二、调查结果与分析

1. 光的传播路径概念

《全日制义务教育科学（3—6年级）课程标准》（实验稿）指出,小学生应建立的光传播的科学概念为：在空气或水中,光沿直线传播。我们通过对有关光的传播路径概念的4道题的学生作答情况进行统计分析,发现学生具有以下一些较为普遍的前概念（见图2-3-1）。

有24.6%的学生能准确指出光的直线传播路径。有35.6%的学生并不能认识到光是沿直线路径传播的。其他39.8%的学生有光是沿直线路径传播的模糊认识,但对于直线的理解有偏差。他们认为直线是水平的线、横向的线,而不是与"曲线"概念相对应的"直线"。因此,他们不能准确指出光的直线传播路径。

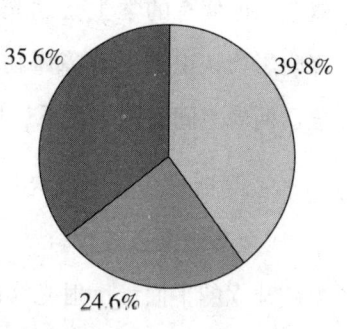

图2-3-1 "光的传播路径"前概念调查检测情况统计

2. 光与阴影概念

《全日制义务教育科学（3—6年级）课程标准》（实验稿）指出,小学生应建立的阴影的科学概念为：阴影是光在沿直线传播过程中不能穿过不透明物体而形成的较暗区域。产生阴影需要光和不透明物体两个条件。我们通过对有关光与阴影概念的4道题的学生作答情况进行统计分析,发现学生具有以下一些较为普遍的前概念（见图2-3-2）。

14.4%的学生认为在黑暗中物体仍能够产生阴影,没有认识到光在阴影形成过程中的作用。其他85.6%的学生认识到阴影的产生需要光,他们认为光与影之间存在一定的关系,但还不能正确理解这种关系,因而不能形成正确概念。

有 11.9%的学生能明确表达阴影是由于光照不到形成的。有 5%的学生认为阴影是某种光,是一种比较暗的光。有 1.7%的学生认为阴影是物体自身就有的。有 3.9%的学生认为阴影是某种确确实实存在的物质(东西),它有明确的形状或会变形,能够运动或者被推动。还有 6 名学生分别认为影子是人的灵魂、水分等。

综上所述,阴影是学生常见却又难以理解的概念。即使有的学生会用光线被障碍物挡住来解释阴影,认识到了有障碍物存在导致光消失的现象,两者之间有因果关系,但对阴影的形成原理难以理解。

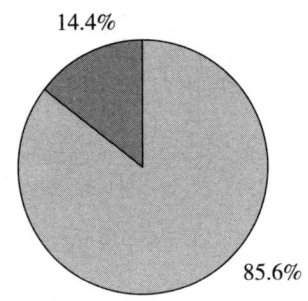

图 2-3-2 "光与阴影"前概念调查检测情况统计

3. 平面镜反射光线概念

《全日制义务教育科学(3—6 年级)课程标准》(实验稿)指出,小学生应建立的平面镜反射光线的科学概念为:当行进中的光遇到物体时,传播方向会发生改变,产生反射。我们通过对有关平面镜反射光线概念的 4 道题的学生作答情况进行统计分析,发现学生具有以下一些较为普遍的前概念(见图 2-3-3)。

有 93.2%的学生认为能从镜子中看到身体侧后方的蜡烛,有平面镜反射光线的直观认识。

有 22.7%的学生认为蜡烛光经镜面反射进入眼睛,50%的学生认为眼睛发出的光经镜面反射到蜡烛上,22.7%的学生认为蜡烛光和眼睛发出的光在镜面交汇,4.6%的学生认为蜡烛光和眼睛发出的光在镜面交汇往返。

可见,绝大多数学生认为光的传播方向是会发生改变的。学生对于视觉的形成机制难以理解,一半学生认为眼睛是能发出光的。

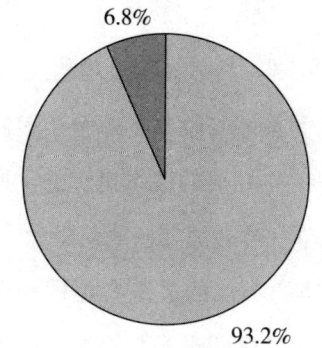 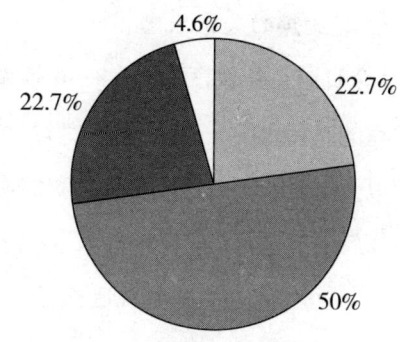

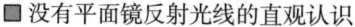

(a)　　　　　　　　　　　　(b)

图 2-3-3　"平面镜反射光线"前概念调查检测情况统计

4. 凸透镜折射光线概念

《全日制义务教育科学（3—6 年级）课程标准》（实验稿）指出，小学生应建立的凸透镜折射光线的科学概念为：凸透镜能改变光的传播方向，有汇聚光线的作用。我们通过对有关凸透镜折射光线概念的 4 道题的学生作答情况进行统计分析，发现学生具有以下一些较为普遍的前概念（见图 2-3-4）。

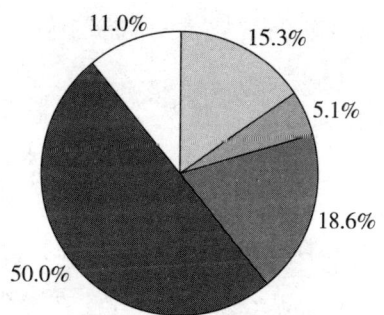

图 2-3-4　"凸透镜折射光线"前概念调查检测情况统计

凸透镜下会形成小光点，有 50% 的学生认为是凸透镜聚集了阳光，有 11% 的学生认为是凸透镜把阳光缩小，有 18.6% 的学生认为光线被凸透镜吸收而减少，有 5.1% 的学生认为凸透镜反射阳光，有 15.3% 的学生不能做出有意义的解释。

可见，一半左右学生对光线的折射现象有一些了解。

5. 光和热的关系概念

《全日制义务教育科学（3—6年级）课程标准》（实验稿）指出，小学生应建立的光和热的关系科学概念为：物体吸热的本领与物体的颜色、表面粗糙程度以及阳光的照射角度有关。我们通过对有关光和热的关系概念的4道题的学生作答情况进行统计分析，发现学生具有以下一些较为普遍的前概念。

有13.6%的学生对物体吸热的本领与物体的颜色的关系有模糊认识，但不能做出具体解释。只有3.8%的学生认为物体吸热的本领与物体表面粗糙程度以及阳光的照射角度有关。更多学生认为，物体冷热程度由距离太阳的远近决定。

综上所述，对小学生来说，光学概念是难以理解的概念，但又与生活息息相关。小学生许多光学的用语与概念来自日常生活经验或课外读物，有些前概念不全面甚至错误，导致对问题的认识一知半解。

三、促进小学生"光"前概念转变的教学策略

（一）"科学游戏"策略

"科学游戏"策略是指在概念转变的教学过程中，联系生活中的现象实例，创设游戏情境，让学生在游戏的过程中发现问题，并在已有的知识经验基础上展开思考与讨论，做出假设，同时在教师的指导下完成探究方案的设计，通过分组实验观察现象，得出结论，转变概念。

在转变学生对阴影的认识时，我们可以采用"科学游戏"策略。阴影在生活中时常可见，可正因如此，阴影显得太平凡、太不起眼，很少有学生认认真真观察过。而且，日常生活中光源及其反射光太多，也影响了人们对阴影的认识。采用"科学游戏"策略开展阴影概念教学活动过程如图2-3-5所示。

【活动一】踩影子游戏

这是一个学生非常喜欢的游戏。比赛分两轮进行，两人一组进行比

赛。第一轮，两人间隔3米，面对阳光并排站好，一攻（踩对方影子）一守（不让对方踩到影子）；第二轮，两人仍间隔3米，背对阳光并排站好，攻守互易。

赛后，让学生谈谈获胜或失败的原因，教师在与学生对话的过程中随机点拨，从中总结出一些对阴影的认识。

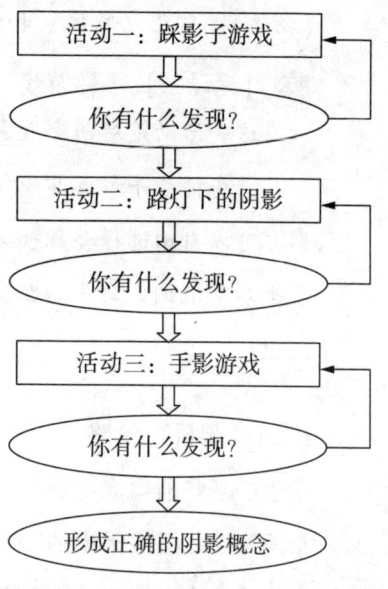

图 2-3-5　阴影概念教学活动流程图

在这个活动中，学生可以认识到：(1) 在阳光照射下，总是会有阴影。(2) 要想阴影消失，就必须躲进其他更大的阴影里，不让太阳照到自己。(3) 阴影会随着自己的移动而移动。(4) 阴影总是在自己身体相对于太阳的另一面。(5) 阴影是黑色的。

❋【活动二】路灯下的阴影

这是一个延伸到课后的探究活动，为保证活动效果，在活动前发通知给学生家长，获得家长支持，并交代注意事项。

学生在本活动中从远离路灯的位置出发，到达路灯下，尽量接近路灯正下方，再远离路灯。行走时慢一些，仔细观察自己影子的长短变化、方向变化以及自己和路灯位置的关系，尝试使自己的影子消失。可以从不同方向多走几次。

将自己观察到的现象记录下来，并与教师同学一起交流讨论。

在这个活动中，学生可以进一步认识到：(1) 阴影的长短变化与自己（物体）和路灯（光源）的位置有关。自己（物体）离路灯（光源）远，阴影就长；自己（物体）离路灯（光源）近，阴影就短。(2) 自己（物体）处于路灯（光源）正下方时，阴影几乎消失。(3) 路灯

（物体）、自己（物体）和阴影总是在同一条直线上。

【活动三】手影游戏

这一活动是对阴影概念的应用。

首先播放手影表演视频，激起学生兴趣。接着学生自己练习表演手影，可以自由选择合作伙伴。在表演手影的过程中，为达到预设的效果，学生不断微调光与手的距离和角度。在这一调整过程中，加深对阴影的认识。

（二）"架桥"策略

学生的某些前概念与科学概念并不相悖，只是不完整或与科学概念相割裂。布朗和克莱门特提出的"架桥"策略，以学生的前概念为基础，利用比喻、类比的方法将其扩展到新的领域，将外在信息纳入前概念，使其内涵丰富和加强，转变为科学概念。此类前概念转化策略的实质就是新旧经验的同化。

"架桥"策略一般包括以下步骤：（1）创设一个靶子问题，暴露学生与讨论主题相关的前概念。（2）教师举出一个符合学生直觉的例子——"锚例"。（3）建立类比，教师要求学生在"锚例"和目标事件（"靶例"）之间做出明确的对比，并试图建立类比关系。（4）提供"架桥"。如果学生没有接受这种类比关系，教师可再试图找一种类比，以在"靶例"与"锚例"之间"架桥"（或者提供一系列"架桥"类比）。在转变学生对平面镜反射光线的认识时，可以采用"架桥"策略。用"架桥"策略建构光的反射概念教学过程如图2-3-6所示。

（1）创设一个靶子问题，暴露学生与学习主题相关的前概念。教师提出问题：眼睛为什么能从镜子中看到身体侧后方的蜡烛？通过调查、访谈，我们发现：有93.2%的学生有平面镜反射光线的直观认识。有22.7%的学生认为蜡烛光经镜面反射进入眼睛，有50%的学生认为眼睛发出的光经镜面反射到蜡烛上，有22.7%的学生认为蜡烛光和眼睛发出的光在镜面交汇，有4.6%的学生认为蜡烛光和眼睛发出的光在镜面交汇往返。可见，绝大多数学

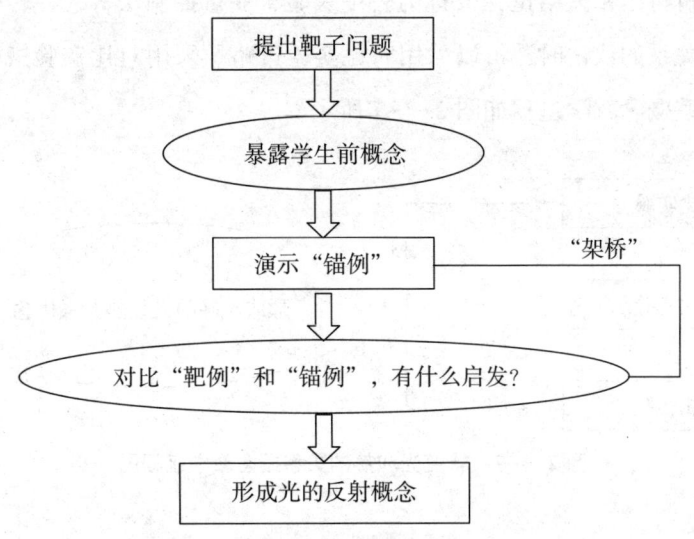

图 2-3-6　光的反射概念教学活动流程图

生认为光的传播方向是会发生改变的，但对于光反射的方向、角度等问题，只是有一些模糊的认识，并未真正正确理解。

（2）教师举出一个符合学生直觉的例子——由两名学生在讲台前打乒乓球，演示给全班学生看，请学生观察并解释乒乓球运动方向改变规律及其原因。

（3）建立类比。要求学生在"乒乓球的运动"和"光的反射"之间做出明确对比。

（4）提供"架桥"。架起建构科学概念的桥梁，让学生通过画图、演示等形式尝试解释光的反射概念。

（三）对比实验策略

实验是人类探索未知世界的有效手段之一，也是小学生进行科学探究、了解未知世界的主要方法。科学实验的常见类型有析因实验、对比实验、模拟试验、判决实验等。对比实验是指为了探索研究对象的某种性质是否存在或预测某一事物的发展变化，设置实验者（组）和一个或多个对照者（组），并做到两者除要研究内容外的其他条件一致或相仿，最后通过对产生的不同结果的分析得出相关结论，又称为公平实验、变量控制法等。在转变学生对光和热的关系的认识时，可以采用对比实验策略。采用对比实验策略转变光和热的关系概念教学过程如图 2-3-7 所示。

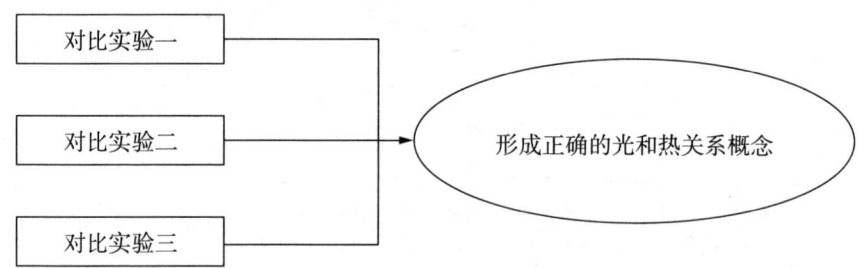

图 2-3-7　转变光和热的关系概念教学流程图

【对比实验一】探究物体的颜色与吸热是否有关系

要求学生把不同颜色的材料对折做成纸袋，分别插上温度计平放到阳光下，比较它们的升温情况。实验器材分别是白色纸、粉色纸、黑色纸、红色纸。要求除了纸的颜色外，其他条件如摆放的地点、方式、时间等尽量保持一致。通过实验，学生发现物体吸热的本领与自身颜色有关系，深色物体比浅色物体吸热快。

【对比实验二】探究物体的表面粗糙程度与吸热是否有关系

要求学生把相同颜色、表面粗糙程度不同的黑色纸、黑色蜡光纸、黄色纸、黄色毛边纸对折做成纸袋，分别插上温度计平放到阳光下，比较它们的升温情况。要求摆放的地点、方式、时间等尽量保持一致。通过对比实验，学生会发现物体吸热的本领与自身的表面粗糙程度有关系，表面粗糙的吸热更快。

【对比实验三】物体受阳光照射的角度与吸热有什么样的关系

要求学生把相同的黑色纸对折做成 3 个纸袋，分别插上温度计放到阳光下。除了摆放时按水平、和地面垂直、与太阳光垂直的角度不同外，其他条件要尽量保持一致。这个实验的结果告诉学生：与太阳光呈垂直角度摆放的纸袋升温最快。

上述活动都要求学生按要求把实验数据逐个填写在表格中。其中第一个实验还要求学生将观察的结果绘制成折线图，因为折线图更能反映不同材料的升温趋势。作为实验中获得的证据，数据和图表有利于学生进行描述、表达与交流，以形成科学概念。

四、结论

综上所述，此项针对小学生"光"前概念的测查研究形成了以下基本认识：小学生在正式学习科学课之前，对一些核心或常用概念如光的传播路径概念、光与阴影概念、平面镜反射光线概念、凸透镜折射光线概念、光和热的关系概念等存在多种类型的前概念。研究启示我们，为了促进学生的概念转变，小学科学教学中应该采取有针对性和多样化的概念转变教学策略和模式。概念转变教学策略应当基于对学生前概念的正确分析，因此，需要我们了解国内外概念转变教学已有的相关理论和实践研究成果，加强关于小学生对"光"及其他科学概念的个人认识和前概念的实证研究。

▶指向深度学习的小学科学概念教学[①]

科学概念是基本的知识单元，强调对科学事实进行理性加工，是比科学事实更深刻的认识成果。当科学认识处于感性认识阶段，人们只能认识自然

[①] 作者现为浙江省特级教师、杭州市淳安县千岛湖镇第七小学科学教师、"邵锋星名师工作室"骨干教师章荣华老师。原文发表于《教学与管理》2020年第35期，收入本书时文章标题和内容略有改动。

界的表面现象。一旦从科学事实上升为科学概念，科学认识就发生了质的变化，进入到理性认识阶段。因此，设计符合小学生认知脉络的教学过程，帮助学生克服概念学习过程中的肤浅现象，实现深度学习，是小学科学教学的重要任务。

一、制造矛盾，引发概念争议

矛盾情境是学生形成认知冲突的基础。教学中，教师要善于利用学生个体先前认识与现实的差别，利用学生间的认识差异引发概念争议，启迪学生主动思维，促进深度理解科学概念。

为了帮助学生建构导体和绝缘体概念，教材将铁钉、水、木条等20多种物体接入电路检测器，通过观察灯泡的亮与灭，判断导体和绝缘体，以此帮助学生建构"容易让电流通过的物体是导体，反之则是绝缘体"的认识。事实上，这样的教学是肤浅的，概念是基于当下事实的概括性解释，教材实验只能促进学生的认识达到"能让电流通过的物体是导体，反之就是绝缘体"这一层级。

怎样才能实现认识进阶？设计三组充满矛盾的递进实验就是不错的选择。当学生认识到"能点亮小灯泡的物体是导体"后，教师首先让学生把"有塑料外壳的回形针、无塑料外壳的回形针、粗细不同的铅笔芯"接入电路检测器，发现只有部分回形针、铅笔芯点亮了小灯泡，促发学生质疑"能点亮小灯泡是判断导体与绝缘体的标准吗"。接着，用"人体导电球"代替检测器中的小灯泡，重新检验人体与水的导电性，发现导电球竟然被点亮了，这个出人意料的结果再次激活课堂。持续探究中，学生了解到导电球"容易感知微弱电流"，认识马上产生质变，指出水等物体虽没能点亮小灯泡，但依然能让微弱的电流通过，因此"电流容不容易通过"是判断导体和绝缘体的真正标准。为了进一步认清彼此关系，教师还让学生用导电球检测同一棵树上的干、湿两种木条，其中干木条不显示导电，而新鲜木条显示导电。学生在新矛盾的启发下，知道了导体与绝缘体之间没有明显的界限，只要材料的成分有足够的差别，就极易彼此转化。

如果教学设计紧紧围绕矛盾与分歧展开，就能打破学生的认知平衡，驱使学生做出行为、认知和心理上的努力，在认识迭代中形成新的解释。

二、简化过程，突破概念难点

感知觉活动的泛化会制约学生概念理解水平的发展，因此，"一英寸宽，一英里深"的格局是科学教育的追求，其特点是以大概念为轴心，删繁就简，在简约而不简单的设计中突破概念难点。

例如，摆长是悬点到摆的重心之间的距离，为了帮助学生理解，教材安排了三个小活动：先让学生用一组摆绳一样长、摆锤（木条）长短不同的摆测量摆动次数，认识到摆长不单指"摆绳长"，而应是"摆绳与摆锤的总长"；再次引入一个金属圆片，将其固定在30厘米长的摆锤末端，观察摆动次数，探究摆次增加的原因；最后引导学生将金属圆片分别贴在离悬点10厘米、20厘米、30厘米处的摆锤上，继续研究摆的次数，使学生认识到摆锤的重心会影响摆的总长。

此设计因过于强化学生实证意识的培养，过多强调实验次数、实验操作标准（精细地移动圆片位置）和实验数据采集的重要性，影响了对重心概念的关注。

调整：实验可围绕"摆长是什么"的问题展开，通过观测"摆绳长度不同，摆锤相同""摆绳长度相同，摆锤长短不同""摆绳、摆锤长短相同，正挂和倒挂（'T'形，如图2-4-1所示）"三组摆的摆次变化，聚焦"重心"，实现对摆长的理解从"摆绳长"发展到"摆的总长"，直至认识摆长的本质是"悬点到重心的距离长"。

与教材相比，设计"摆绳、摆锤（'T'形）长短相同"的摆是很巧妙的，它表明"摆的总长一样，摆的快慢也会有所不同"，完全打破了前一次

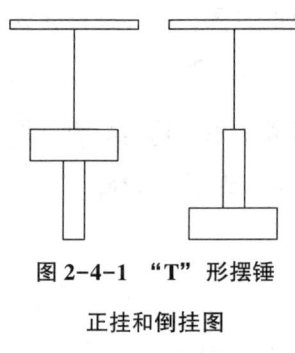

图 2-4-1 "T" 形摆锤正挂和倒挂图

实验的认识。学生很快将注意力聚焦到了正挂和倒挂的摆锤上,他们用手拎起摆锤,发现"T"形摆锤上面重,倒"T"形的摆锤下面重。在学生用圆点标出"重"的位置后,教师指出这就是摆锤的重心,它会影响摆的总长。接着,教师让学生标记摆长,在对比中看清重心与摆长的关系。为了判断学生对摆长概念是否真正理解,教师还可以呈现教材中"金属圆片位置不同的摆",让学生运用概念开展新一轮的假设与验证。

三、再度实验,深究概念关联

科学是在怀疑中发展的,纵观科学史上"伽利略的球"等经典事件,无不证明了质疑是科学进步的永动力。教学中,教师应尽可能鼓励学生质疑,走出概念教条式习得的困境。

对"水具有热胀冷缩的性质"概念的习得,有些教师习惯于教材思路:在烧瓶中盛满水,塞紧橡胶塞,并插入细玻璃管,将其放入热水和冷水中,分别观察液柱的变化,从而建立"水受热体积膨胀,受冷体积缩小"的结论。

不加细思便可知,这样的教学堪称经典。但走近学生,发现学生非常关注"烧瓶中的水是否真正受热或受冷?""液柱上下变化中,水吸收、释放热量的过程是怎样的?"等问题。如若教师能满足学生的追问,让学生再度实验,学生对概念的认识就不会只停留在"水受热体积膨胀,受冷体积缩小"这个口令的熟记上,而是能从温度计的数值变化中看到热量的获得和释放是一个较缓慢的过程,懂得受热膨胀、遇冷收缩与物体本身的热量变化之间存在密切关系。

因此,当学生完成教材实验后,教师可引导学生对实验过程及结论提出疑问，围绕"水的体积变化与热量变化之间有怎样的关系？"这一问题展开研究。实验中，用双颈烧瓶替代普通烧瓶，一个瓶颈插入细玻璃管，观察水的体积变化，另一个瓶颈插入电子温度计，观测水的温度变化。学生在数字导航下看清热量缓慢传递，水柱慢慢上升（或下降）的现象，懂得二者是同时发生的。这个实验的补充，不但提升了学生探究的积极性，而且加深了学生对体积与热量变化之间关系的认识，丰富了概念内涵。

四、添补证据，丰盈概念要义

"语词是概念的最终形式或最明确的形式。"其内涵丰富，是由大量经验和事实结晶而成。科学教学的任务之一是带领学生历经丰富事实，理解概念内涵，实现从"知其然"向"知其所以然"进阶。

例如，弹力是物体形状改变时产生的要恢复原来形状的力。其间，"形状改变"和"恢复原来形状"都是概念中的关键信息。教学中，教材思路是让学生在三根橡皮筋上分别挂1、3、5个钩码，待橡皮筋被拉长后依次取下钩码，橡皮筋恢复原位。学生在这一过程中获得弹力概念，认清弹力的大小与方向。

这样的教学在概念关键信息的突破上略显单薄。一是橡皮筋被拉长只是形变的一种形式，对"弹簧压短、充气气球挤扁、海绵揉成一团"等形变并未提及，造成学生理解片面。二是学生没能立足"弹力方向"视角审视"恢复原来形状"的要义，造成认识的一知半解。三是仅让学生经历"用橡皮筋挂钩码"实验，学生对弹力方向的认识只会囿于"向上"的片面认识中。

概念的理解怎样才能从单薄走向丰盈？让学生收集尽可能多的证据是重要方法。学生在拉橡皮筋活动中感受到"弹力"后，需要继续体验压弹簧、捏海绵和挤压充气气球等活动，明白物体被拉长、压短、挤扁、揉成团等都属于"形状改变"，懂得"形状改变"是物体产生弹力的直接原因。在此基础上，学生继续完成"用橡皮筋挂钩码"实验，如图2-4-2所示。在观察到

"橡皮筋被重物拉长，取下钩码恢复原状"的现象后，思考"是谁让橡皮筋恢复了原样？"。学生在研讨中认识到，橡皮筋在被拉长的过程中会产生一股和重力方向相反的力，它是橡皮筋要恢复原来形状时产生的力，方向向上。那被压的弹簧、挤扁的充气气球、揉成团的海绵产生的弹力方向是否也一样呢？对比各个物体形状改变和恢复原来形状过程中力的方向，学生认识

图 2-4-2　橡皮筋挂钩码实验图

到弹力方向与施力方向是相反的，与物体恢复形变的方向一致。

见多识广是学生认识、理解概念并走向认识丰盈的基础，实验中结构化的事实和材料是学生思辨的内容，为学生的认识编织了更多网点，帮助建立起更丰富的认识。

五、强化思辨，突破概念盲区

学生常因一些不可见的事实而使思维的发展受到束缚，特别是像力、电、声音等无法直接感受的概念，小学生很难说服自己认同它们。此时，以实验为引子，强化对认识的思辨就能帮助学生突破概念认识上的盲区。

空气的不可见性制约了学生对"空气流动形成风"这一概念的理解。小学生对"空气流动能形成风"的观念是认同的，但对"（大自然的）风是冷热空气相互作用形成的"理解十分困难。"我们没有用嘴去吹，也没有扇扇子，（大自然的）风又是谁制造的？""让空气流动起来的力量来自哪里？"为了破解这些问题，教材引领学生经历风的模拟实验：在上下开口的直筒中放置一根蜡烛，将点燃的蚊香置于直筒的下开口处，观察蜡烛点燃和不点燃时蚊香冒出的烟流动的路径，帮助学生建立"风是热空气上升，冷空气流过来补充"的认识。

其实，风的成因远没这么简单，蚊香的介入反而干扰了学生对筒内外冷热空气的识别。学生认为蚊香、蜡烛点燃后，筒内外的空气都是热的，因此很难将风的形成与筒内外的冷、热空气有关建立联系。

怎样教学学生才能认同"冷、热空气"不仅存在，还彼此联系呢？教学中要将"冷、热空气相互作用形成风"作为教学重点，按照"空气流动形成风—冷、热空气相互作用形成风—热空气上升，冷空气流过来补充形成风"这样的概念进阶序列设计教学。

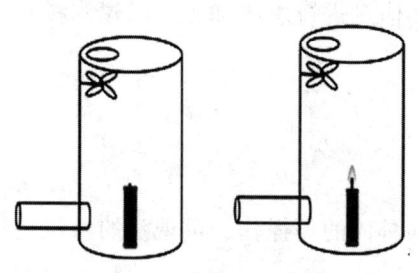

图 2-4-3　风的模拟对比实验图

我们在教学中重点呈现了一组与教材不同的风模拟对比实验，如图 2-4-3 所示。开始不介入蚊香，让学生直接观察小风车的转动，以此推测出筒内外空气相互作用形成了风。然后用手触摸筒壁，认识到点燃蜡烛后筒内外空气有冷热差别，不点燃蜡烛的筒内外空气都是冷的。借此学生认识到风的形成仅有空气是不够的，还需要有温差的空气才能推动空气流动。在此引入蚊香烟，观察筒内外冷热空气的流动方向，在验证中理解风的成因。

只有学生对不可见物体进行有力的思辨，用理性说服感知觉，才能在分析事物的联系、变化中自然理解概念。

总之，需要对小学生学习科学概念的路径做出剖析，合理梳理概念习得的障碍点，并着眼小学生特点设计简约、可见、有结构的教学活动，帮助学生逐级走向科学概念的深度学习和本质理解。

▶具象·联结·论证：基于可视化的科学概念教学策略探寻①

在科学课堂中，我们可以运用可视化材料，以符号和图像等形象、直观的方式，把较为抽象、复杂的科学概念转化、分解，呈现给学生。学生在此基础上进行交流研讨，将探究活动中获得的信息进行思维加工，以建构科学概念，并从中培养思维能力。

一、具象：借助可视化材料呈现事实

教师以可视化材料为依托，组织一系列具体的可操作、可观察的可视化活动，将抽象、不可见的概念转化为具体、可见的现象，以此让学生得到"看得见"且准确度高的事实。通过交流研讨，学生的语言和思维相互融合、协同发展，最终建构起科学概念。

1. 借助可视化材料，由小变大显全貌

"声音"单元的教学一直是小学科学中极具挑战性的"疑难问题"。声音看不见、摸不着，课堂教学中我们应尽可能借助可视化材料，让现象变得"可见"，用"可见"的方式给学生呈现事实，便于学生记录与研讨，建立联系，形成新的科学概念。

如执教"声音是怎样产生的"一课时，实验中借助"小黄点、乒乓球、彩色小泡沫球"等物体放大振动现象，让学生清楚地看到钢尺、音叉和鼓面发声时都在振动（见图2-5-1）。借助这些可视化材料，学生对放大了的振动现象有了更细致的观察和描述，将"振动"与"物体发声"之间建立起关联。不止于此，学生在交流研讨时还针对小泡沫球振动位置的高低不同展开

---

① 作者为浙江省建德市明珠小学科学教师、"邵锋星名师工作室"骨干教师谢寅波老师。

了如下讨论。

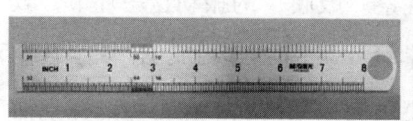
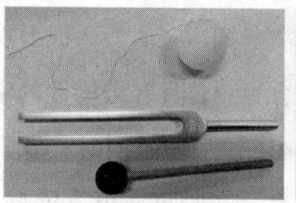
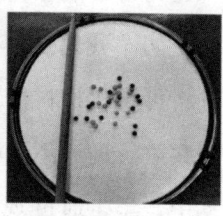

通过小黄点观察钢尺振动　　通过乒乓球观察音叉振动　　通过小泡沫球观察鼓面振动

图 2-5-1　借助可视化材料，放大振动现象

【课例片段】交流研讨：小泡沫球的振动高度为什么不同？

师：刚才第3小组提出问题。"各小组鼓面上的小泡沫球都在振动，但振动的高度为何不同？"你们觉得是什么原因导致的？

生1：我们小组做过实验，轻轻敲击鼓面的时候，小泡沫球振动得低一些；重重敲击鼓面的时候，小泡沫球振动得高一些。

生2：我赞同他们小组的观点。我补充，因为鼓面受到的力大，它振动得更加剧烈，所以小泡沫球就跳得高。

师：你们观察得很仔细，不仅用证据来支撑自己的观点，补充回答也很到位。鼓面受到的力越大，小泡沫球振动得越剧烈，而且也让更多的小泡沫球振动起来。

借助小泡沫球这类轻小物体将"发声鼓面在振动"这个现象放大，让学生的思维显现。上述片段中，学生不仅"看到"鼓面在振动，而且研讨中谈及的"小泡沫球振动位置的高低"更指向"声音的强与弱"一课中"振幅"这一科学名词。由此可见，学生在可视化材料放大现象的帮助下对实验的观察更加细致，有更多精彩的发现。

2. 借助可视化材料，前后对比聚焦点

在应用可视化材料时，不仅要使现象可见、明显，还应将可视化材料进行整合，让学生在现象的对比中更为直观地建立联系，在规范、有序的活动中建构科学概念，发展思维。

如"我们是怎样听到声音的"一课中观察"鼓膜"的振动这一环节，教师将可视化材料整合为一套具有结构性的学具（见图2-5-2），让学生自主观察声音远近不同和声音音量不同时"鼓膜"的振动情况。在可见的探究活动中，学生通过观察，在收集完事实依据后利用前后对比的思维方法达成"距离越近，音量越强，鼓膜振动越明显"这一共识。

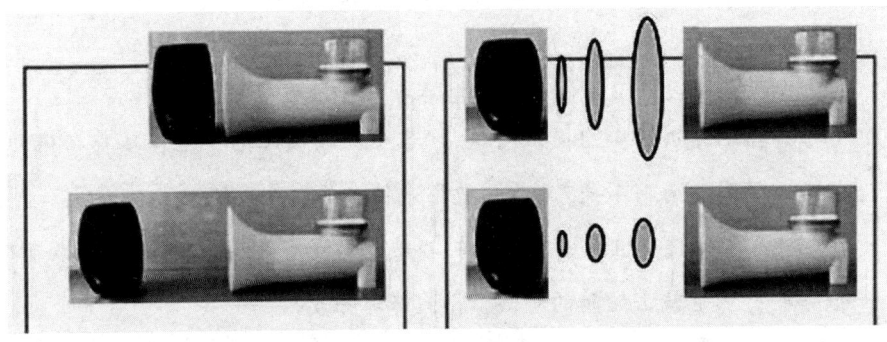

实验1：声音远近不同　　　　　　实验2：声音音量不同

图2-5-2　观察"鼓膜"的振动可视化材料设计①

3. 借助可视化材料，有序呈现解疑惑

巧用可视化材料，将抽象的概念外显为具体事物的变化，帮助学生在交流研讨中将观察到的现象、得到的发现与科学概念之间建立联系，从而建构科学概念，最终促使学生在具象中发展抽象思维。

如"热是怎样传递的"一课，在研究热传递的特点时，教材设计的是在铁丝上每间隔一段距离用蜡粘火柴，铁丝的一端用酒精灯加热，学生通过观察火柴掉落的先后顺序来认识"热传递"这一科学概念。但在实际教学中，因为粘火柴难度大、粘蜡用量不均等原因，导致火柴的掉落常常并不按从近

---

① 由浙江省建德市明珠小学倪舒冰老师设计。

到远的顺序。这一情况容易对学生学习科学概念产生误导。

经过多次试验,我们利用学生常用的"摩易擦钢笔墨"改进这一实验。该墨为黑色,遇热褪为无色,学生在实验过程中能更明显、有序地观察到热传递的过程(见图2-5-3)。通过该实验,学生在交流研讨中说道:"靠近加热点的一端墨先变为无色,随后朝一个方向有序地褪色,直到铁丝另一端。"这样的表述体现出学生观察的连续性和思维的有序性,对热传递的特点理解得更加准确。

 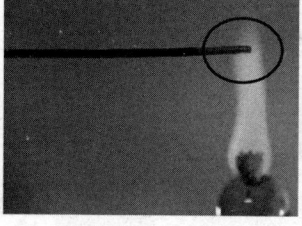 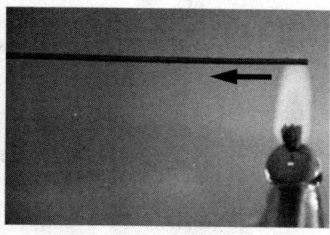

1. 铁丝上涂上摩易擦钢笔墨　　2. 开始加热,墨褪色　　3. 继续加热,墨朝一个方向褪色

图2-5-3　铁丝(金属条)中的热传递进程

二、联结:借助可视化方式记录发现

事实是认识发生和发展的基础,记录则为后续的交流研讨提供证据,因此观察现象后的记录有其重要价值。课堂中,对观察、实验获得的现象所做的记录应尽可能以可视化的方式存在,并较长时间暴露在学生的视野中,以便于学生在找寻不同和相同的联结中发现新的认识,建构科学概念。

1. "摆一摆"中辨"有无"

如"观察一瓶水"一课,一年级学生经历趣味游戏"摆一摆"(见图2-5-4),亲身体验用橡皮泥制作出各种形状,并把"无形"的水加入"有形"的橡皮泥框内。学生在这一游戏中感受到"无形"的水变成了自己创造的各种形状,并把这一发现以可视化的方式记录在小组实验盘中。学生拿着实验盘进行交流研讨,不断地感知"有形"与"无形"之间的联结,对水"无固定形状"这一科学概念有了更加深刻的理解。

圆形的水　　　　三角形的水　　　　正方形的水
你还能摆出不同形状的水吗？

图 2-5-4　趣味游戏"摆一摆"①

2. "画一画"中明"正误"

学生运用简单的符号、图示记录发现的方法既简便、直观，又能够清晰、有序地表现出自己思维的过程。简单图示这一记录方式为后续的交流研讨提供可视化的证据，帮助学生发现联系，建构概念。

如"点亮小灯泡"一课，在学生观察小灯泡、导线、电池这三种材料的结构后，教师引导学生完成"使用一根导线和一节电池点亮一个小灯泡"的挑战，同时鼓励学生将探究过程中点亮的电路图和不能点亮的电路图以简单图示的形式记录下来，并进行全班展示（见图 2-5-5）。

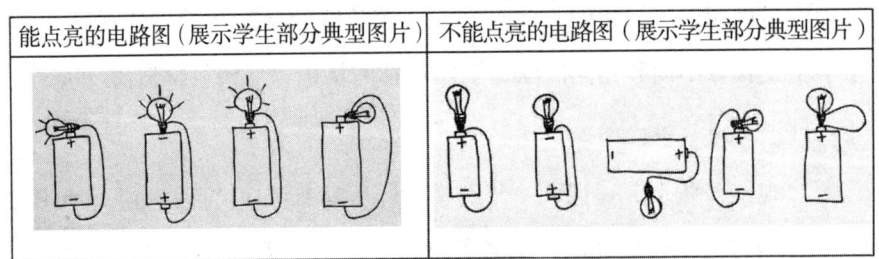

图 2-5-5　"点亮小灯泡"挑战任务记录单

---

① 由浙江省建德市实验小学科学教师、"邵锋星名师工作室"骨干教师邵礼琴老师设计。

在学生自主将"正""误"两种电路图进行班级展示后,教师引导学生围绕以下问题进行交流研讨:这些记录图可以分为几大类?每一类中的记录图有着什么共同特征?观察不同类的记录图,分析小灯泡点亮的关键因素是什么,思考可以从记录图中得出怎样的结论。

学生借助画一画简单图示的方法,对记录图进行比较,展开层层递进式的研讨。这对学生掌握"电池正极、负极,小灯泡两个接触点"等专有名词以及理解"电流从电池正极出发经过导线回到电池负极形成回路,即通路,以及短路、断路这两种情况"有极大的帮助。学生在"正"与"误"的辨析中更加明确了电路相关的科学概念,这为学生进一步研究电路知识奠定了基础。

3. "贴一贴"中显"动静"

通过实验、观察等探究活动,学生收集到一些实验现象。形象板贴这一可视化记录方式为后续进行全班交流研讨保留了证据,它的本质是将学生看得到的具体、动态的事物变化过程逐步转化成静态图像的抽象过程。

如在"压缩空气"一课中,在学生经历系列探究活动后,教师使用活动式板贴形象化地呈现学生的发现,将学生个人的发现展示在全班学生面前,便于全班交流研讨,从而使得学生基于观察到的"动态"现象"活塞往里推,空气占据空间变小;往外拉,空气占据空间变大",进一步分析,提出新疑问:这一过程中空气量有什么变化?在后续环节中,教师组织学生对"猜想一:空气占据空间大小变化的过程中空气量可能变多或变少"和"猜想二:空气占据空间大小变化的过程中空气总量不变"开展探究活动。使用彩色圆形磁铁表示空气微粒,板贴的个数表示空气量的多少。继续使用形象板贴展示学生交流时的发现,引领学生自主设计实验,寻找可靠证据支持自己的猜想,逐步建构"一定的空气占有一定的空间,空气占据的空间可被压缩"这一科学概念(见图2-5-6)。

如此,我们通过"摆一摆""画一画"和"贴一贴"的可视化方式引导

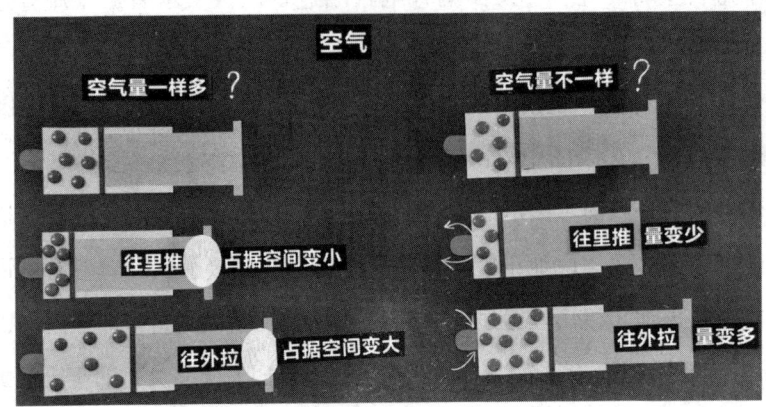

图 2-5-6 "压缩空气"展示课形象化板贴①

学生将发现记录下来，记录的过程不仅是学生思维可见的过程，更为交流研讨的顺利开展提供保障。这一活动的本质就是将隐性思维显性化，其最终目的是为学生建构科学概念提供理解的路径。

可视化的路径有了，学生对收集到的现象等信息进行思维上的再加工就显得尤其必要。我们不能过度关注"知识"而忽略知识背后的"思维"，而是需要改变课堂中"浅思考"和"欠思考"的状态，利用交流研讨环节充分、有效提升学生的思维水平。

三、论证：借助可视化图像建构概念

论证本质上是分类、归纳、分析、推理、对比、归因等多方面交互学习的实践过程。可视化图像资料作为论证的主要依据，对引导学生开展论证具有关键作用。可以说，科学课堂中论证的过程就是学生发展思维能力、构建科学概念的极好时机。

1. 基于形象板贴可视，分类归纳完善概念

形象板贴可在一定程度上再现实验现象，对抽象事物进行分类与归纳，

---

① 由浙江省桐乡市濮院小学教育集团毛衫城小学张秋佳老师设计。

使其形象化、清晰化、可视化,以此有效激活学生思维,便于学生基于现象进行交流研讨。

如"磁极间的相互作用"一课,我们利用形象板贴帮助学生将磁极间相互作用这一抽象事物转变为具体、可视的图像,便于学生对实验现象进行分类与归纳,并从中建立联系,发现规律。

基于形象板贴,学生利用分类归纳的方法得出条形磁铁磁极间相互作用规律后,教师继续利用形象板贴引导学生对环形磁铁和蹄形磁铁磁极间相互作用规律与条形磁铁进行比较,最终归纳得出"相同磁极间,相互排斥;不同磁极间,相互吸引"这一科学概念(见图2-5-7)。得出科学概念的这一历程,对学生而言是一个由实践上升到理论的思维训练过程。

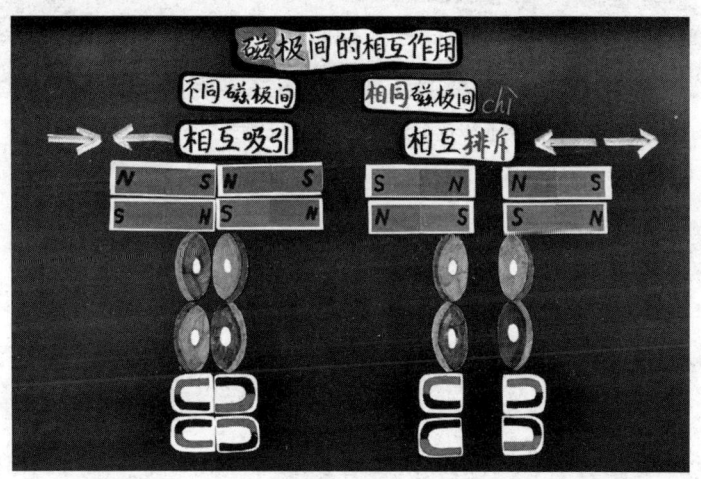

图2-5-7 "磁极间的相互作用"的"分类归纳式"板贴

2. 基于实验数据可视,分析推理明晰概念

通过实验、观察等探究活动,学生收集到诸多的实验数据,对数据的处理亦是培养学生分析、推理能力的好时机。若不进行加工整理,数据往往是凌乱无序的,会给交流研讨的有效推进带来阻碍。

我们不仅可以对抽象的数据进行分析、整理,转化为统计示意图,如柱状图、折线图等,还可以采用"点阵式"图式这一可视化数据呈现方式,让学生对数据结果一目了然（见图2-5-8）。利用"点阵式"图式，学生不仅能对自己小组的数据进行分析，初步形成小组内共识，还能对照全班数据进行推理，基于所得"大数据"进行交流研讨，最终建构科学概念，理解科学原理。

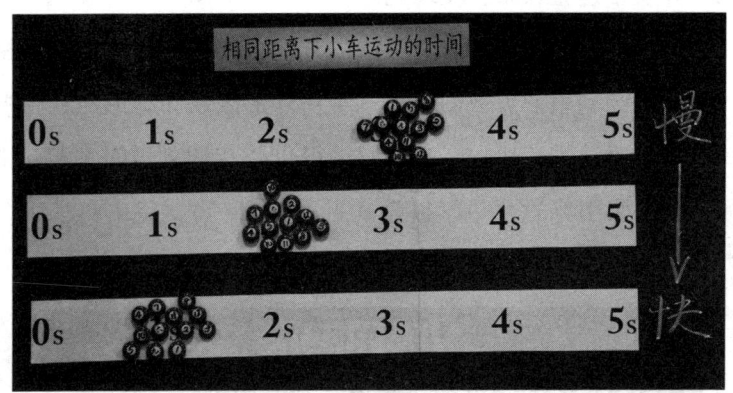

图2-5-8 "让小车运动起来"用"点阵式"图式呈现数据①

3. 基于微课视频可视，对比归因深究概念

除了形象板贴、实验数据可视化，也可借助微课视频可视，为学生创设交流研讨的思维时空。

例如，学生对"声音"单元的学习往往存在一定的困难。我们认为原因有：声音是看不见、摸不着的，对普通公众而言，单凭耳朵辨识出声音的音高、音量属性是一件困难的事情。在"声音"单元"声音的高与低"一课中，学生需要倾听钢尺发出声音的高低，观察钢尺振动的快慢。因人耳听到的声音振动频率在20—20000Hz，这就要求钢尺每秒振动20次以上才有可能被人耳听到。又因上课环境嘈杂，哪怕人耳能够听到该声音，人眼对每秒振动20—30次和40—50次也不能清晰分辨出快慢，这就导致用眼观察发声物体振动快慢和用耳听出音高高低之间存在着不可调和的矛盾。因此，学生的

---

① 由浙江省建德市梅城中心小学王雨萱老师设计。

观测结果通常是臆想的,这给交流研讨音高高低与物体振动速度快慢之间的本质归因带来了极大障碍。

这种情况就需要借助现代信息技术,如教师课前拍摄"拨动伸出学具装置长短不同的钢尺"视频,在放慢 32 倍速度的处理下剪辑成"钢尺振动慢镜头"微课视频(视频画面截图见图 2-5-9)。学生进行对比观察,并将观察所见与发声物体音高高低进行正确归因,在交流研讨后达成共识,形成"钢尺伸出装置越长,振动速度越慢,音高越低"这一科学概念,有效解决了"观察发声物体振动快慢引起音高变化"这一教学疑难问题。

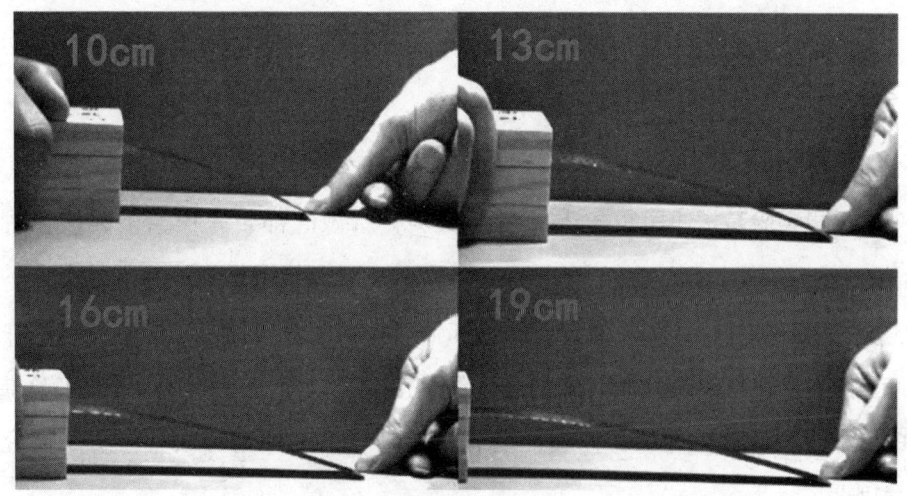

图 2-5-9 "声音的高与低"微课视频①"对比式"画面

科学教学中,我们综合运用各种策略,将实验的现象、观察的过程、学生的思维等可视化,让学生在交流研讨中言之有物、言之有理,将科学课堂转变为一个师生、生生交互学习、言思共振的环境,促进学生对科学概念进行深度理解和思考。

可视化方式的发展一直伴随着教学的发展,恰当的、有益的策略对学生而言就是合适的、好用的。我们要不断学习运用新媒体技术,基于可视化教

---

① 由浙江省杭州市萧山区城东小学陈斌老师设计。

学拓宽课堂交流研讨的宽度，提高交流研讨的高度，加强交流研讨的深度，为最终有效建构科学概念而努力。

▶儿童"思想实验"：指向深度学习的小学科学教学案例研究[①]

一、思想实验的缘起与意义

1. 刨根问底，何为思想实验

思想实验是指使用想象力进行的实验，所做的都是在现实中无法做到（或现实还未能做到）的实验。思想实验不是真实的操作实验，不是有形的实验。它不借助任何实际的实验对象和器材，而是对之前未有的实验或潜在可能的实验进行预想，在脑海里进行理想化抽象和分析，并用假想的实验推理出结论。思想实验是一种理性的思维活动，是一种相对独立的科学研究方法。

2. 探寻究竟，为何思想实验

实验是进行科学研究最基本的方法，也是人们获取自然规律的途径。然而，一切现实的实验都会受到主客观条件的制约。主观上的感官模糊和实验操作的不精准性，以及客观上实验仪器、实验对象、环境条件的限制，都会使实验不能达到绝对的理想状态，从而无法实现预期的实验目的。为了克服、超越现实实验的各种限制，科学家常常利用思想实验在自己的认知活动中探

[①] 原文发表于《科教导刊》2021年第15期，收入本书时文章标题和内容略有改动。作者：邵铎星，浙江省杭州市钱塘新区景苑小学科学教师管笛老师。

寻究竟、解决问题。

3. 追溯历史，如何思想实验

历史上许多伟大的科学家都是进行思想实验的哲人，他们在进行思想实验时，在大脑中演绎出一套理想化的仪器设备和实验对象，并对其进行理想化的实验操作，然后运用想象、计算、画图、推理、论证等方法对这种理想化对象进行感知和描述，最终发现和获取科学事实与自然规律。阿基米德曾说："假如给我一个支点，我就可以撬起整个地球。"16 岁的爱因斯坦幻想在宇宙中追寻一道光线，启发他后来提出著名的狭义相对论。历史已证明，伽利略并没有从比萨斜塔上同时扔两个铁球，而是通过思想实验证明了亚里士多德观点的错误。这些伟大的思想实验，无不需要想象、逻辑推理和计算等方面的能力。

二、"沉浮与什么因素有关"课例描述

小学科学课程"沉和浮"单元的教学，指向"密度"这一核心概念。由于小学生还没有建立物质的概念，即便个别学生能提出"密度"，也无法让每一个学生都真正理解。"沉浮与什么因素有关"一课的教材安排，让学生观察体积相同、轻重不同和质量相同、体积不同的圆柱体在水中的沉浮状况，认识当物体体积相同时，重的容易沉，轻的容易浮，质量相同时，体积大的容易浮，体积小的容易沉。这样的学习过程没有考虑学生的前概念，没有引发学生的认知冲突，也不能有效促进学生深度思考并形成个人理解。

基于以上分析，我们从物体沉与浮的核心概念出发，立足学生科学思维的参与与发展，让学生经历一场"思想实验"的深度学习之旅，将看似高深的思想实验平和又不平静地带进小学科学课堂。

课例描述如下：

1. 唤醒导入

图片展示潜水艇三种状态：浮在水面、悬浮在水中、沉在水底。

提问：影响潜水艇沉浮的因素是什么？学生小结潜水艇通过增加或减少水的质量，改变沉浮状态。

2. 观察实验

用大、中、小三个瓶子模拟制作潜水艇，并测出它们接近悬浮状态时的质量。学生利用水杯、滴管等工具增加或减少瓶子中的水，使瓶子处于接近悬浮状态，并测出处于悬浮状态的三个瓶子质量。汇总数据，学生发现每组的数据都十分接近。接着，教师告知学生事先测得的三种瓶子的体积，请学生分别计算三个悬浮瓶子每立方厘米体积的质量。学生通过计算，得出三个悬浮瓶子每立方厘米的质量都约为1克，也就是说三个"悬浮状态的潜水艇"虽然大小、质量都不一样，但是1立方厘米的质量都是1克。

3. 思想实验

紧接着，教师介绍牛顿、爱因斯坦等科学家当遇到没有办法实现的实验时会在大脑里进行思想实验。科学史、科学家故事进入课堂，使课堂更具人文气息，展现出的科学发展历程激发了学生的学习动机。怎样像科学家一样做一次思想实验？学生心中满是疑惑，跃跃欲试。教师出示思想实验任务：（1）悬浮的中瓶子保持质量不变，体积缩小到与小瓶子一样大，沉浮会发生什么变化？（2）悬浮的中瓶子保持质量不变，体积扩大到与大瓶子一样大，沉浮会发生什么变化？学生进入了深度学习的思想实验。

4. 交流研讨

方法1：当中瓶子缩小到和小瓶子体积一样时，质量还是82.8克，体积变成44.8立方厘米，而体积是44.8立方厘米的小瓶子只有在质量约44.8克的时候是悬浮的。所以缩小后的瓶子质量远远大于悬浮时的质量，瓶子一定会下沉。当中瓶子扩大到和大瓶子体积一样时，质量还是82.8克，体积变成203.5立方厘米，而体积是

203.5立方厘米的大瓶子只有在质量约203.5克的时候是悬浮的。所以扩大后的瓶子质量远远小于悬浮时的质量，瓶子一定会上浮。学生在黑板上一边画图，一边展示思想实验的推理过程。

方法2：当中瓶子缩小到和小瓶子体积一样时，瓶子的质量除以体积$\frac{82.8}{44.8}>1$。通过前面的观察实验，发现瓶子处于悬浮状态时，1立方厘米的质量约等于1克。而现在1立方厘米的瓶子质量大于1克，所以瓶子一定会下沉。当中瓶子扩大到和大瓶子体积一样时，瓶子的质量除以体积$\frac{82.8}{203.5}<1$，1立方厘米的瓶子质量小于1克，所以瓶子一定会上浮。学生在黑板上一边列算式，一边展示思想实验的推理过程。

……

5. 拓展提升

教师告诉学生，1立方厘米的水质量是1克。学生终于明白为什么物体在1立方厘米质量为1克时会在水中处于悬浮状态。教师继续提供其他物体1立方厘米的质量，学生用科学原理解释为什么冰会浮在水面上，铁会沉在水底等。学生的科学思维层层推进，指向"密度"这一核心概念。

本节课立足儿童立场，以观察实验为基础，以科学方法为指导，以任务驱动促进学生想象，以科学论证催生思辨，关注学生的思维参与和发展，促进学生对科学概念的深层次理解和建构，愉悦的课堂中蕴藏了深刻的科学思维过程。

三、加工、理解、建构——促进深度学习的儿童"思想实验"解析

儿童"思想实验"的过程不是简单、被动地接受和记忆相关事实性知识

的过程，而是通过思维活动引发学生主动积极的认知转变，实现独立而专注的深度学习。深度学习与简单的刺激-反应不同，在深度学习中，学生是在不断反思与调整中主动建构知识，通过深度思考真正理解学习内容，并能在不同情境中提取所学知识解决新的问题。

（一）重整认知，深度加工知识信息

在激活原有认知的基础上，利用感知、体验等方式深度加工知识信息，建立新认知和原认知之间的联系，并整合、重建认知结构。

1. 丰富感知，给予方法指导

借助模拟制作悬浮状态的"潜水艇"，学生深刻体验到增加一点点质量瓶子就会下沉，减少一点点质量瓶子就会上浮，并测出悬浮状态的"潜水艇"质量。这一实践活动唤醒了学生的已有认知，丰富了他们对沉与浮认识的感知，实验中获得的数据既是证据，也是展开新研究的基础。

学习支架还需包括对学习方法的指导。计算"悬浮潜水艇"每立方厘米的质量，为后续的思想实验提供了有效的方法指导。展示爱因斯坦、伽利略运用想象、画图、数学计算等方法在头脑中进行科学推理，同样也渗透着对科学方法的指导。从观察到计算，从定性到定量，从感性到理性，学习活动不断走向深入。

2. 相关迁移，衍生科学思辨

学生在进行思想实验过程中，有多种思考方法和路径。如何对思维进行梳理，帮助他们理解影响物体沉浮的因素呢？出示1立方厘米水的质量1克，学生似乎想到了什么，回忆观察实验在水中处于悬浮状态的瓶子质量和体积比也是1，通过数据对比，学生终于明白影响物体在水中沉浮的因素，将原认知和新情境建立起了联系，将观察实验中的发现迁移到思想实验情境中。已知"悬浮潜水艇"1立方厘米质量是1克，要判断体积变化后的瓶子沉浮的变化，也就是要探究变化后的瓶子1立方厘米的质量是大于1克还是小于1克。这一活动通过比较物体和水的密度，判断物体在水中的沉浮情况。学

生借助观察实验中大小不同的瓶子，想象瓶子体积变化后沉浮状态变化情况，推理分析，引发思辨。

3. 解决问题，触发内在转变

将生活现象关联科学本质，在解决问题中触发学生科学思维的提升与转变。教师提供常见物体 1 立方厘米的质量，学生比较水与这些物体单位体积的质量就能分析出它们在水中的沉浮状况；面对不了解的物体，也能通过其单位体积的质量，判断这个物体在水中的沉浮状况；甚至可以通过了解不同物体 1 立方厘米的质量，判断物体在不同液体中的沉浮。授人以鱼不如授人以渔，方法的习得有助于提高问题解决能力。

（二）推理论证，深度理解内在含义

爱因斯坦曾说过，真理在你的心智中。学生有没有真的学懂，有没有真的学会，除了知识的获得，我们更应该关注的是学生的思维、心智有没有得到发展，发展到了什么程度，有没有真正理解科学概念。思想实验关注思辨过程，指向对科学核心概念的深度理解。小学高年级的学生初步具备了运用知识、抽象概括、推理论证、反思思辨和用证据支持自己观点的学习能力，愿意尝试独立完成探究活动，这为开展思想实验，深度理解复杂概念提供了客观的条件。学生可借助计算、画图、比较、分析、逻辑推理等方式，对假想出来的客体进行实验操作，形成个人对科学问题的深层次理解。

1. 数学计算

数学计算是学生们最容易想到的推理论证方法。在之前的观察实验中，学生用计算的方法得出悬浮状态下瓶子单位体积的质量。学生通过计算也发现，悬浮的中瓶子保持质量不变，如果体积缩小到与小瓶子一样大，1 立方厘米的质量明显大于 1 克；如果体积扩大到与大瓶子一样大，1 立方厘米的质量明显小于 1 克。由此能够判断出沉与浮的状态会怎样改变。

2. 画图分析

画图是小学生展示思维路径的有效方法。学生通过画图对比悬浮状态的

瓶子，发现中瓶子质量不变时，当体积缩小到与小瓶子一样大，此时的质量明显大于悬浮状态下小瓶子的质量，判定会下沉。如果体积扩大到与大瓶子一样大，那它就比悬浮状态的大瓶子要轻，判定会上浮。

3. 逻辑推理

学生通过逻辑推理，发现悬浮状态下的"潜水艇"质量和体积在数值上应该是非常相近的。现在中瓶子质量不变，体积缩小到与小瓶子一样大，那质量的数值明显大于体积的数值，所以中瓶子一定会下沉。若中瓶子体积扩大到与大瓶子一样大，那质量的数值明显小于体积的数值，所以中瓶子一定会上浮。

虽然瓶子不可能真的像金箍棒那样随意变大变小，但是小学生通过想象瓶子变大变小，运用科学的方法、理性的思维分析判断沉浮变化，在深度思考过程中走向对"密度"核心概念的理解。

（三）发展思维，深度建构复杂概念

科学研究不仅需要脚踏实地，同样需要"天马行空"，思想实验充分体现了这样的理念。儿童天性爱好想象，他们的创新大多源于想象。巧妙地创设思想实验情境，以准确的任务驱动儿童想象，让想象是有依据的创想而非臆想。在想象的基础上，建构思维的框架，扩大空间，丰富方法，充实内涵。

1. 多维度进行思考，感受独立思考的含义

现实科学课堂的推理论证往往基于观察到的事实或现象，常围绕"是真的吗""会怎么样"进行单维度的思考，缺少对"如果怎样，会怎样"这样多维度的立体思考。思想实验让学生想象"如果怎样，会怎样，可能还会怎样"，给予学生大胆想象以及独立思考的空间，凸显学生才是学习的主体、思维的主人、课堂的主人，促进学生学习兴趣的提高和科学探究能力、科学思维能力的发展。

2. 多元的思维方法，感悟综合学习的含义

思想实验的展开让学生经历了想象、计算、画图、分析、判断、推理、

概括等多种方法综合的科学学习过程。当前小学科学课堂对数学等学科知识的关联常集中在对数据的记录和分析上，缺乏对计算运用、数学建模等能力的锻炼。思想实验过程融合了多元思维方法、多种技能的学习，使学生经历有挑战的深度学习，培养解决问题的能力，体现了科学课程综合性、融合性的改革方向。

3. 尝试"跳一跳摘桃子"，感知抽象思维的含义

皮亚杰认知发展理论提出，小学阶段的儿童处于具体运算阶段，已经发展出思维的完整性、逻辑性的体系，但这个阶段的儿童的思维仍然需要具体事物的支持，还不能进行抽象逻辑思维。而初中阶段的学生处于形式运算阶段，不受具体内容的局限，能够通过假设进行推理并解决问题。五、六年级学生处于从具体运算阶段到形式运算阶段的过渡阶段，我们应把握这两个阶段的心理特征，让学生尝试通过假设进行分析、推理等，锻炼他们的抽象思维能力。

四、思考

在小学科学课堂上，我们希望学生能像科学家一样探究，更希望他们能像科学家一样思考。儿童"思想实验"是建立在日常经验、科学观察和科学实践基础上的理性思辨活动。当现实、实验技术等外界条件不能满足时，我们在思维中按照实验的格式，对科学本质进行更深一层的抽象分析，运用抽象概括、推理论证、反思思辨、画图计算、数学建模等方式开展思想实验。思想实验关注个体思维的转变和发展，促进学生的深度学习，培养学生的高阶思维，可以有效促进小学生的科学学习。

▶基于科学概念学习进阶的实验活动设计[①]
——"水和水蒸气"课堂教学实录与评析

（上课前，老师向学生打听宁波有什么好玩的地方，然后请各小组选择一个景点，用纸巾蘸水把景点名称写在小黑板上，向大家介绍。看着时间差不多了，老师宣布上课。）

师：现在，我们看一看刚才黑板上写的字。有什么发现？

生：我们写的字都已经干了。

生：我们写的字都不见了。

生：我们写的字都变成了水蒸气。

师：水都跑到哪里去了？

生：我们刚才写的字都跑到空气中变成了水蒸气。

生：我们刚才写的水都干了，到空气中变成了水蒸气。

【评析】用纸巾蘸水写的字，刚才还很清晰，一会儿就看不见了。水干了。水干了是怎么回事？是水变没了？消失了？不是。是水跑到空气中变成水蒸气了。老师用一个简单的活动，调动、激活学生已有的我们称为前概念的一些认识。这是一个不错的导入活动。

师：你能举一个生活中类似的水干了的例子吗？

生：晚上洗手帕或红领巾，第二天早晨就干了。

生：妈妈洗的衣服晒出去，不久就会干。

生：我们吃完饭用湿抹布擦桌子，过一段时间桌子上的水就变干了。

生：拖完地过一会儿就干了。

【评析】手帕、红领巾、衣服、拖把，举出的是一连串与湿纸巾相近的

[①] 本课由邵锋星老师执教，浙江省教育厅教研室原小学科学教研员章鼎儿老师点评。

例子，反映出学生已有的关于"蒸发"的认识不自觉地囿于一个窄小的范围里。学生的这些发言显现了后面"鱼缸里的水"的活动的意义。

师：（投影幻灯片）我们一起来看几张照片。老师家里的鱼缸装了半缸水，红色的横线表示水的高度，能看明白吗？

生：能。

师：（投影鱼缸里的水逐渐减少的照片）第一天白天的鱼缸、第三天晚上的鱼缸、第七天白天的鱼缸、第十天晚上的鱼缸、第十五天白天的鱼缸。第十六天老师到宁波来了（众人笑），请猜想：第二十天、第三十天，你估计这里面的水会怎么变化？

生：水会没有了。

生：水会干了。

【评析】"水会没有了""水会干了"属于有相当把握的推断，反映出学生已有的经验。衣服变干了，缸里的水少了，学生在生活中获得的原本割裂的经验，通过这样的教学活动联系在一起了——它们都源于水的蒸发。

图 2-7-1　鱼缸里的水逐渐减少

师：水到哪里去了？

生：水变成了水蒸气。

师：我们把水这样慢慢地变干了，慢慢地变少了，变成了水蒸气的现象称为水的蒸发。

（板书：水　蒸发　水蒸气）

【评析】蒸发、水蒸气是本课教学的"关键词"。用板书的形式呈现，有助于这些字、词的识记。

师：是不是只有白天会蒸发？

生：不是，晚上也会蒸发的。

生：水晚上也会蒸发。

师：不一样的意见可以说说。

生：水白天晚上都会蒸发。

【评析】继续做"蒸发"的文章——烧杯里面的水、鱼缸里的水在不断地蒸发，无时无刻不在蒸发。这也是重要的关于蒸发的认识。

师：桌子上有只烧杯，烧杯里有半烧杯水，请问，烧杯里的水现在在蒸发吗？

生：在。（教师拿起杯子，看了看。）

师：我看水没少，我说它没有蒸发。你们说它蒸发，你要有理由呀。

生：因为水蒸气是看不见的。

生：水在蒸发的时候我们看不到。

师：还有理由吗？为什么说它蒸发？

生：因为水会慢慢地减少。

师：只不过减少的速度会非常——（学生：慢。）你还有补充？

生：减少的速度会很慢，而且也看不见。

师：白天会蒸发，晚上会蒸发，现在11：05在不在蒸发？（生：在。）

师：如果我在手背上沾一点水，再擦一擦，手背上的水在蒸发吗？（生：在。）

师：湿手帕里的水在蒸发吗？（生：在。）在小黑板上用湿布画长长的一条横线，水在蒸发吗？（生：在。）这些水蒸发之后都变成了什么了？

生：都变成了水蒸气。

师：现在请每一位小朋友在手背上沾一点水，擦一擦，同时仔细观察烧杯里的水、湿的黑板、湿的手帕的蒸发，看一看我们能不能看到水蒸气。

（学生开始观察实验活动。）

【评析】 我们可以观察到蒸发的结果——水少了、没了、干了，但观察不到蒸发的过程。原因很简单，因为水蒸气是无法看见的。教学活动的重点转移到"水蒸气"的认识上。

师：30秒时间到，我们看大屏幕，小组讨论：看到水蒸气了吗？水蒸气有些什么特点？

师：看到水蒸气了吗？（生：没有看到。）你们小组呢？（生：没有看到。）大家有没有看到？（生：没有。）水蒸气看不看得到？（板书：看不到）水蒸气有些什么特点？

生：水蒸气是无色无味的，而且看不到、摸不到。

生：水蒸气不是固体是液体。

师：有意见？你说——（生：水蒸气是气体。）什么是液体？（学生：水。）那你现在说说水蒸气是不是液体。（问前面说水蒸气是液体的学生。）

生：是气体。（板书：气体）

【评析】 水蒸气是气态的水，是气体，是无色、无味的。水蒸气是看不见的。老师在想方设法地让学生认识水蒸气。

师：校园外有一条河，河里的水有没有在蒸发？（生：在。）大海里的水在蒸发吗？（生：在。）这么多水蒸发都变成了——（学生：水蒸气。）这么多水蒸气到哪里去了呢？

生：水蒸气都跑到周围的空气中了。

师：大家都认为跑到空气中了。那么海边的空气中有水蒸气吗？（生：有。）街上的空气中有水蒸气吗？（生：有。）家里的空气中有水蒸气吗？（生：有。）教室里的空气中有水蒸气吗？（生：有。）为什么这里有水蒸气？这里又没有大海，你得说出道理。

生：是从杯子里蒸发出来的。

生：因为空气是流动的。

师：喔，流动的空气，它就跑过来了，回答得真好。教室里也有，家里也有,操场上的空气里也有,说说看水蒸气还有什么特点。

生:水蒸气会流动。

师:教室里也有水蒸气,家里也有水蒸气,这叫作什么特点?

生:处处都有水蒸气。

师:是不是这样?(学生:是。)有空气的地方,就有水蒸气,到处都有。(板书:到处都有)现在谁能完整地说说水蒸气是怎么样的?

【评析】学生的"处处都有""到处都有"是针对前面提及的特定的处所归纳的。可以理解为生活所及范围的"到处"都有,这应该是无可置疑的。老师的陈述补充了"有空气的地方到处都有"。

生:我觉得水蒸气是看不见的,到处都有,而且水蒸气是气体。

生:水蒸气看不到,到处都有,它是气体。

师:我们来看看教科书第54页,上面有个方框,念一念,看一看,我们的研究和书上写的是不是一样。(学生轻读书本。)书上是不是也是这样说的?(学生:是。)书上说水蒸气颗粒太小,所以我们看不到。学得真好,把书本盖好,重新放进抽屉里。

【评析】到这里,学生经历了第一个观察实验活动,学习理解"蒸发""水蒸气"的概念。下面的教学活动进入对"凝结"的认识,也可以说是继续深入认识水蒸气的活动——水蒸气会在一定条件下凝结变成水。

师:水蒸气还有什么特点?我们继续进行研究。(投影:每组两只相同的杯子,装着相同多的温度也相同的温水,同时盖上两块玻璃片,但是一块是热的玻璃片,一块是冷的玻璃片。观察玻璃片上产生了什么现象。如图 2-7-2 所示),明白这个实验怎么做,怎么观察吗?

冷玻璃片　　　　热玻璃片

温水　　　　　　温水
观察玻璃片上产生了什么现象。

图 2-7-2　对比实验

2 科学概念怎样教

（各小组材料员领取材料，热玻璃片是放在玻璃台板上已经加热好的。）

师：同时盖上玻璃片，居中放，开始仔细观察。

（学生小组观察活动。）

师：观察到了什么现象？

生：在冷的玻璃片上有水蒸气。

【评析】刚才已经说了水蒸气是看不见的呀，为什么还有学生认为看见水蒸气了呢？道理很简单，这些学生口中的"水蒸气"还不是老师教的"水蒸气"。尽管老师已经花了不少时间用了许多方法帮助学生认识水蒸气了。

生：不是水蒸气，是小水珠。

师：在哪一块玻璃片上？

生：冷玻璃片上。

师：小水珠是从哪里来的？

生：水蒸气遇到冷玻璃变成水珠。

师：哪里来的水蒸气？

生：杯子里冒出来的。

师：你再说说小水珠是哪里来的。

生：杯子里蒸发出来的。

师：水蒸发出来就变成小水珠了？

生：这杯温水里蒸发出来的水蒸气遇到冷玻璃，变成了小水珠。（师板书：遇冷玻璃片）

师：上节课，我们做了实验，杯子里装有冰，放在教室里，不一会儿杯子的外面会——

生：有小水珠。

师：（拿着杯子让学生摸一摸）是有许多小水珠。想一想，这些小水珠是从哪里来的？

生：周围的空气遇冷蒸发出来的。

生：周围的水蒸气遇到冷的冰，变成了水珠。

生：周围的空气遇冷变成了小水珠。

生：周围空气里的水蒸气遇到冷的烧杯变成小水珠。

【评析】四个人的发言很有意思。第一个解释借用了前面"温水里蒸发出来的……变成小水珠"的模式，把来自杯中的温水换成来自杯壁周围的空气；第二、三个解释在第一个的基础上把变化的主体与变化的条件表达清楚了；第四个发言把空气与水蒸气的关系理顺。三年级学生研讨水平还不错。

师：生活中还有这样的水蒸气遇到冷的物体变成小水珠的现象，你能举个例子吗？

生：冰棍从冰箱里拿出来，过一会儿，纸袋外面就会有小水珠。

师：这个水珠从哪里来的？

生：外面的热空气遇到冷的冰棍纸变成了小水珠。

生：空气里的热的水蒸气遇到冷的冰棍纸变成了小水珠。（师板书：冷冰棍纸）

师：真聪明。再举个例子。

生：冬天，屋子里面的窗户上会有小水珠。

师：窗玻璃上的小水珠是从哪里来的？

生：房间里的水蒸气遇到冷的窗玻璃变成了小水珠。（师板书：冷窗玻璃）

师：说得真好。现在谁能概括一下，水蒸气还有什么特点？

生：水蒸气遇冷会变成小水珠。

生：水蒸气都是遇到冷才会变成小水珠的。

生：水蒸气都是遇到冷的物体会变成小水珠的。

师：我们科学课中把这种现象叫作凝结。（师板书：凝结）

【评析】还记得前面的蒸发实例吗？这里是生活中的凝结实例。通常我们把这称作联系生活实际，看重的是知识巩固、应用与拓展层面的意义。这

2 科学概念怎样教

节课中的实例具有更进一层的意义。这些实例是作为蒸发、水蒸气、凝结等概念的重要构件出现在课中的。对小学生来说，蒸发、凝结等概念正是建立在这样的实例基础上的。

在学生学习"蒸发""水蒸气"概念的基础上，引导学生通过对比实验和生活实例学习"凝结"概念，促进了学生科学概念的进阶，也为学生观察、解释"白汽"打下了基础。

师：猜想，如果热的水蒸气遇到冷的空气呢？会产生什么现象？

生：水蒸气遇到冷的空气会变成水珠。

师：为什么呢？

生：因为水蒸气遇冷会变成水珠。

师：有其他的想法吗？

生：水蒸气遇冷也会变成小水珠。

师：你为什么这样猜想？

生：因为水蒸气遇到冷的东西就会变成小水珠。

【评析】这一段问答中，老师提出的问题意义不大。说水蒸气遇到冷，通常就是指水蒸气比碰到的"冷"要热。所以学生可以不假思索地回答，并且可以用同样的答案回答老师的三个追问。老师想引入一个检测性的活动，可以直截了当地说做个实验考你们。

师：到底是不是这样呢？我们看老师做一个实验，好不好？

（教师演示用酒精灯加热烧瓶中的水。烧瓶带塞，塞中装有一玻璃管喷嘴，不长时间，从喷嘴中喷出"白汽"。）

师：在后面加上黑色的背景，能看清楚一些。可能后面的同学看不清楚，老师拍了一张照片，呈现在大屏幕上。看到了吗？

师：老师看到的现象是，在管口出来的一小段，大概一厘米，看不见什么东西，包括管子里以及烧瓶的上半部分，都看不到什么。一厘米以外看到了"白汽"，再远一点，"白汽"又没了。看不见的部分是什么？白汽是什

么？用今天学习的水和水蒸气知识来解释，开始讨论。（见图2-7-3）

（小组讨论。）

看不见什么 —————→ 白汽

讨论：1. 看不见的部分是什么？
　　　2. 白汽是怎样产生的？

图2-7-3　解释"白汽"是什么

【评析】从课的结构来看，这是一个很不错的活动。问题是学生看不太清楚实验现象，这是必须解决的。建议用光照的方法试试。

师：我们一个一个来解决，看不见的部分是什么？

生：看不见的部分是水蒸气。

师：有不同的观点吗？

生：看不见的部分是空气。

师：你觉得呢？

生：水蒸气，因为水蒸气看不见。

师：为什么这里是水蒸气？

生：因为周围的空气中含有水蒸气。

师：水蒸气都跑到这个地方去了？

生：是水蒸气。因为那个瓶子里的水都烧开了，不断蒸发出水蒸气，所以我认为，管口出来的是水蒸气。

师：的确是这样。看不见的部分是烧瓶蒸发出来的水蒸气。可是后来怎么又变成白汽了呢？白汽是怎样产生的？

【评析】老师此处不妨告诉学生，水开了，又叫水沸腾了。水沸腾时，大量的水变成水蒸气。

生：水蒸气太多了。

生：可能水蒸气碰到火变成的。

师：这有火呀？它可能碰到什么？想一想，蒸发出来的水蒸气温度和外面空气的温度怎么样？这个白汽是怎样形成的？

生：水蒸气蒸发出来比较热，遇到冷的空气变成了白汽。

生：我的意见也跟他一样，热的水蒸气遇到冷的空气就变成了白汽。

师：那么，我们再来思考一下，你觉得白汽会是什么呢？从科学道理来讲。

生：应该是烟。（众人笑）

【评析】这个联系还是可以的。有的烟囱冒的"烟"就是"白汽"。实际上能联想到烟的人，也可能联想到云，联想到雾，那就是一回事了。

生：应该是水蒸气。

【评析】应该欣赏这个孩子的回答。说白汽是水蒸气，还特别强调"应该是"，意思是应该与烧瓶里的水有联系，是水变化而来的。水变成这样飘浮在空中的一团白汽了，在这个学生的字典里，最合适的一个词就是水蒸气。也不能断定，他是忘了水蒸气是看不见的性质了，还是觉得自己发现了水蒸气可能在某种情况下还是可见的。

生：不对，水蒸气是看不见、摸不着的。而他却说"白汽"是水蒸气，"白汽"是看得见的，所以不是水蒸气。

【评析】当然也欣赏这样的回答，是相当出色的合乎逻辑的思维与表述。

师："白汽"是不是水蒸气呀？（学生：不是。）许多人都会误解，认为"白汽"是水蒸气，今天我们知道了，"白汽"不是水蒸气。那么，"白汽"是什么呢？

生：是热的水蒸气变成的。

师：是热的水蒸气遇到冷的空气变成的。"白汽"究竟是什么呢？

生："白汽"是一种空气。

【评析】说白汽是水蒸气时，有人根据水蒸气看不见的性质表示否定；说白汽是空气时，更应该有学生发表意见的。没有学生发言的原因是老师改换话题了。猜想是时间因素促使老师介入，加速讨论进程。有点无奈，有点可惜。

师：水蒸气遇到冷的物体有一个什么样的特点？

生：变成小水珠。

师：那么热的水蒸气遇到冷的空气变成的"白汽"呢？

生：我认为"白汽"应该是空气。

【评析】想绕也绕不过去，坚持自己的想法，坚持不同的意见，非常值得推崇的科学精神的萌芽。很想知道他的具体想法，很想知道他的判断依据。

生：我认为"白汽"应是小水珠。（众听课老师鼓掌，学生惊讶地回头看。）

师：老师们鼓掌是让你继续说道理。

【评析】机智地处理了听课老师的干扰。

生：因为水蒸气遇到冷的东西都会变成小水珠，而周围的冷空气都是冷的，所以会变成小水珠。（听课老师再次鼓掌。）

生：是液体。

师：为什么？

生：因为它是许多细小的小水珠。

师："白汽"的产生，是水蒸发变成水蒸气的过程还是水蒸气凝结成水的过程？

生：水蒸气凝结成水的过程。

【评析】认为白汽是小水珠，这是一个推测。如果能提醒学生收集更多实证，对推测进行验证，那就更好了。对认为白汽是空气的学生也一样，需要整理自己的推测依据，并想方设法地证明给大家看——他们很快会发现自己的推测出现了问题。

在观察水变成水蒸气、水蒸气又变成水的过程之后，学生尝试运用之前所学的科学知识，解释观察过程中发现的"白汽"是什么，深化了对"蒸发""水蒸气""凝结"等概念的理解。

师：今天我们学得非常好，老师希望小朋友课外再做一项科学小研究。研究的问题是：加热能加快水的蒸发吗？（投影：研究记录表，此处略。）研究的方法能看明白吗？注意安全，别烫着手。完成的实验单交给科学老师。没问题了？下课。

评析后记

"水和水蒸气"一课在2009年浙江省小学科学优质课评比中获得一等奖。读这节课的教学实录文字时，还能回忆起现场课的跌宕起伏与课结束时响起的热烈掌声。我一直在思考，听课老师们欣赏的是什么。课堂上师生的和谐气氛？看似不经意的教学设计？学生积极的思维参与过程？教学重点、难点的有效突破？也许都是吧。

日常生活中，学生对水的蒸发、凝结现象有一定的了解和认识，却并没有真正观察和思考过水的这些存在状态变化的条件、原因，加上这些概念本身比较抽象，因此，学生可能知道"蒸发""凝结"这些词语，但并不完全理解这些概念。在他们的前概念中，甚至还有不少根深蒂固的错误认识，如：温度较低的时候或者晚上水就不会蒸发，热水中冒出的"白汽"就是水蒸气，等等。因此，对三年级学生来说，"水和水蒸气"这节课的内容是比较难理解的。

邵老师根据三年级学生认知特点，基于科学概念的学习进阶，对教材进行了结构化处理，以观察"水蒸气的特点"为切入口，引导学生经历三个层层递进的观察实验活动——观察水蒸发的活动、通过对比实验观察水蒸气遇冷凝结变成小水珠的活动、观察解释白汽的活动,有效促进了学生对科学概念的理解与建构。

▶概念的理解与建构:以"空气占据空间"概念为例[①]

空气是一种常见而重要的混合物,通过观察、实验以及查阅资料等方式,对身边的空气进行探索,是课程标准赋予小学阶段科学学习的一项有价值、有意义的重要任务。但是空气看不见、摸不着,要求三年级学生理解"空气是实实在在存在的一种物质""空气占据空间"有较大的难度。基于儿童认知特点和科学概念的学习规律,我们精心设计认知冲突、对比实验、科学论证、迁移运用等教学活动,较好地帮助学生完成了对"空气占据空间"概念的理解与建构。

一、认知冲突,开启探究之旅

上课开始,教师让学生把一小段红色泡沫条放入水槽中,并在水中按一按泡沫条,发现泡沫条始终浮在水面上。然后教师提出问题:如果把一个透明的杯子倒过来扣在泡沫条上,泡沫条在杯子中间,再把杯子笔直地压到水底(见图2-8-1),泡沫条会在什么位置?学生把自己的猜想画出来。全班45名学生中,有44人认为泡沫条会浮在杯子的上端,有1名学生猜想泡沫

---

① 原文发表于《湖北教育(科学课)》2017年第6期,收入本书时文章标题和内容略有改动。

条会留在底部，但是说不清原因。学生的猜想暴露出学生的前概念，反映出绝大多数学生认为水会进入到杯子里面填满整个杯子，并因此使泡沫条浮在了杯子上端。

把猜想画出来，既是小学生感兴趣的活动，又能促进每一名学生积极参与，特别是思维的参与和投入。短短几分钟，就让学生带着问题、带着思考投入到探究活动中。

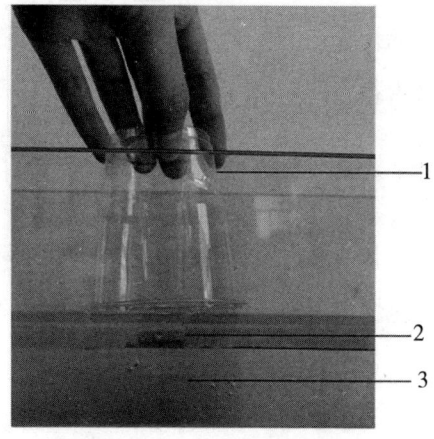

1—透明的杯子；2—红色泡沫条；3—水

图 2-8-1　猜想实验结果，暴露学生前概念

接下来进行观察实验，学生们发现泡沫条留在杯子底部，说明水几乎没有进入杯子，杯子里面是空气（见图 2-8-2）。这样的观察结果颠覆了学生的原有想法，产生认知冲突，也激起学生强烈的探究欲望。

传统的纸巾实验，学生把纸巾团塞在杯子底部，将杯子倒过来压到水底，观察到纸巾并没有湿，由此确定水并没有进入杯子中。但是因为水和空气都是无色、透明的，学生无法真实观察到水是否进入杯子中，而是需要通过推理做出判断：由于空气占据空间，水没有进入杯子中。在不能清晰观察到水面位置情况下依靠推理判断，对于三年级的学生来说显然难度偏大。选择红色泡沫条做这一实验，材料简单，容

图 2-8-2　颠覆原有想法，引发认知冲突

易操作,更重要的是学生可以看到泡沫条留在杯子底部,清楚观察到杯中水面的位置,观察到水其实几乎没有进入杯子,杯子里面是空气,为理解"空气占据空间"打下基础。

二、对比实验,丰富感性认识

接着,教师给各组分发一个底部有个小洞的杯子,重复刚才的实验活动。学生惊奇地观察到气泡从杯底小洞中不断冒出来。同时,通过红色泡沫条的位置变化可以清晰观察到水逐渐进入杯子,水面慢慢升高的现象(见图2-8-3)。

科学概念的形成需要丰富的科学事实和充分的证据作基础。这组对比实验的设计,使学生经历发现"空气在杯子中,水没有进入杯子""空气出来了,水才能进入杯子"的过程。通过前后实验现象的观察与对比,学生丰富并深化了对"空气占据空间"的感性认识,使科学概念的建构有了更为充分的事实和证据。

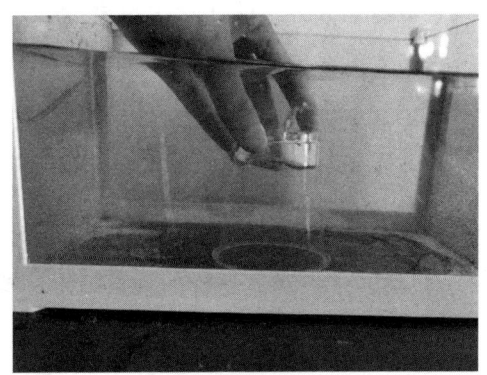

图2-8-3 杯底戳洞后杯内水位的变化

三、科学论证,建构科学概念

如何基于初学科学课学生的认知特点来建构"空气占据空间"这一概念?在观察实验的基础上,教师出示三个相同的杯子,分别装有沙子、水和空气,请学生们讨论:"找一找空气、沙子和水的相同点。"在教师的引导下,学生用自己的语言概括出三者之间的相同点:(1)它们都可以装在杯子里;(2)都是真实存在的;(3)杯子装满以后,就不能再继续装了。这一科学论证的过程,指向了"空气是实实在在存在的物质"这一概念,使"空气

"占据空间"这一概念不再空洞和深奥,而是有了切切实实的并且是学生能够理解的丰富内涵。

空气看不见摸不着,因此,要让学生理解"空气占据空间",还是要先从理解沙子、水占据空间开始。在概括出沙子、水和空气的相同点后,教师追问:为什么杯子装满沙子之后,就不能再往里装沙子了?为什么杯子装满水之后,也不能再往里装水了?通过讨论,明确不能继续再往里装的原因是杯子里面没有空间了,杯子里的空间已经被原来的沙子、水占满了。接着,教师引导学生对观察到的现象进行描述:沙子占据了杯子里的空间,粉笔占据了粉笔盒里的空间,材料占据了箱子里的空间,水占据了杯子里的空间,水占据了矿泉水瓶里的空间,等等。通过对一系列固体、液体占据空间现象的观察与描述,促进了学生对"占据空间"的认识与理解。

在这个过程中,经过对比实验以及充分的论证解释,学生已经能深刻理解本课的核心问题"为什么水几乎没有进入杯子?",并能明确表述"空气是实实在在存在的,空气占据空间"这一科学概念。

四、迁移运用,深化概念理解

接下来的活动为纸巾实验,学生需要对"纸巾没有湿"的原因做出解释,实际是对"空气占据空间"这一概念的运用。本堂课的最后一个活动是"吹气球比赛",让学生用气球套住可乐瓶的瓶口,看一看如何能把气球吹大。在充满趣味又具有挑战性的比赛中,学生需要对气球吹不大的原因做出解释,并且找到能够吹大气球的办法。运用所学概念对实验现象做出解释,以及从"空气占据杯子空间"的观察实验至"空气占据瓶子空间"的实验活动,实现了学生对"空气占据空间"科学概念的深化理解和迁移运用。

3 科学探究怎样教

- ▶为探究准备：小学科学"先学"任务的设计与实施
- ▶小学科学探究活动研究计划的制订策略
- ▶"长时探究"：让学生成为科学学习的主人
- ▶小学低年级科学游戏活动的设计与实施
- ▶做好小学低年级科学探究活动中的即时评价
- ▶关注活动后的"活动"
- ▶基于素养发展目标的科学探究活动设计——"观察土壤的成分"教学实录及评析
- ▶指向直接经验的观察活动创新设计——以"食物在体内的旅行"为例

科学素养教育理论背景下的探究教学，旨在解决如何开展探究式学习这一核心问题。这种符合儿童天性的学习方式强调让学生在主动参与、积极体验、动手动脑结合的探究实践中，积累认知世界的经验，提高科学探究能力，培养科学态度，实现科学素养的提升。

探究式学习需要重视探究活动的各个要素，处理好教师指导与学生自主探究的关系，以及注重探究式学习与其他学习方式的有效结合等。基于此，和大家共同探讨如下内容：

1. 注重探究准备。如有效设计"先学"任务，制订研究计划等，进而使学生的探究活动更富有成效和价值，让科学本质教育扎根于实际的课堂教学之中。

2. 长时探究。意指在教师的引导下，学生经历一个自主的、较长时间的、连续不中断的探究实验活动。将有限的课堂时间用于让学生做最有价值的事，以期让学生实现最充分的发展，让学生成为科学学习的主人。

3. 关注探究活动的创新设计。如指向学生直接经验的观察实验，符合小学生身心特点的科学游戏等，激发学生的好奇心和探究欲，让学生在感兴趣的科学探究过程中，学习科学知识，发展科学思维。

4. 评价促进探究。通过丰富的评价语言、得当的评价时机、多样的评价方式提高小学生探究性学习的兴趣，促进学生的科学学习。

▶为探究准备：小学科学"先学"任务的设计与实施[①]

教育的真正意义是使学习者的心灵发生变化，其本质在于学习者的生命质量提升。学习说到底是学习者自己的事，教师的核心任务，不是自己"教"，而是组织学生"学"，服务于"学"，即把"教"化为"学"。将可以交给学生的学习任务尽量交还给学生，把学生可以自主学的部分尽可能让他们自己完成。让学生先学，看看哪里需要帮助，教师再适时适当地介入，此即"先学后教"。"先学后教"不仅是一种教学的模式和方法，更是一种教育的思想、教育的理念。在尝试探索小学科学"先学后教"的过程中，关键须做好"先学"任务的设计与实施。

"低入、多做、深思、高出"是华南师范大学郭思乐教授提出的"先学"任务的设计原则，也是我们的行动准则。低入，即简单、开放，要抓根本，要找到"根"，只有找到"根"了，呈现出来的才有可能是简单的；多做，要求人人参与，多开动脑筋，多活动，人人有事做，人人有所得；深思，即通过自学，引起深入思考，提高学生的智慧；高出，即有感悟，促使科学概念扎根心灵。此外，我们认为，针对小学生的特点，趣味性也是吸引儿童完成"先学"任务的重要保证。本文结合小学科学课堂教学实例，讨论"先学"任务的设计与实施的具体相关策略。

一、观察

【案例1】六年级下册"月相变化"一课的"先学"任务

1. 从农历初一到农历十五，在每晚8点，记录你观察到的月相。

[①] 原文发表于《小学教学研究（理论版）》2012年第14期，收入本书时文章标题和内容略有改动。

2. 除了月相变化，月球在天空中的位置有什么样的变化？你能解释其中的原因吗？

3. 在同一天晚上的7点、8点、9点，月球在天空中的位置有变化吗？你能解释其中的原因吗？

记录观察到的月相，对于六年级的学生来说属于可以完成的任务，并且是观察虽十分熟悉但未曾细致观察、了解的月亮，任务轻松、有趣，学生乐意去做。但貌似简单的任务却触及了根本，学生们不仅清晰、直观地观察了上半月月相由缺变圆的整个过程，更为重要的是，在尝试解释观察过程中所发现、记录的各种现象和问题时，需要不断纠正自身的前概念，需要甄别到底是"月球公转"还是"地球自转"，需要"深思"。当然，学生不可能就此对月相变化的规律、形成的原因以及月球绕地球公转和地球自转引起的月球在天空中位置的变化完全明白，但这将成为继续学习的良好内核，为建构科学概念奠定条件。

反观我们在多次教研活动中所听的"月相变化"一课，教师们大多还是按照教材所编排的活动——学生凭印象、经验剪贴上半月月相图，模拟实验来进行教学。由于缺失了真实、直观的观察过程，加上儿童本身空间想象能力还未得到良好的发展，课堂往往陷入了"教师越讲解越绕不清楚"的尴尬境地。

【案例2】五年级上册"土壤中有什么"一课的"先学"任务

1. 观察花坛中的土壤，记录你发现的土壤的成分。
2. 观察过程中遇到了什么困难和问题？你准备怎样解决？

儿童观察自然状态下湿润的土壤，会有许多发现，同时也会遇到问题——潮湿的土壤颜色深，黏成一团，很难观察得十分清楚。在这种情况下，儿童自然想到把土壤晒干、碾碎观察，以及把土壤颗粒放在水中洗干净、沉淀进行观察。如此一来把观察土壤的活动推向深入，学生在科学探究过程中的自主性得到了很好的体现。

二、找例子

【案例3】三年级下册"水珠从哪里来"一课的"先学"任务

找到并记录生活中关于凝结现象的5个例子。

找生活中的例子，此即"低入"，并能促进"深思"。要准确找到5个例子，必须先自学，搞清凝结的概念，需要把书本知识与生活世界联系起来。在这个教学案例中，某学生竟然找到了7个例子：①冬天，教室的窗户上会出现水珠；②夏天喝饮料，瓶子外面会有小水珠；③吃冰棍时，冰棍袋外面会有小水珠；④夏天从冰箱中拿出的苹果，不久后会出现许多小水珠；⑤夏天自来水管外面会有小水珠；⑥冰啤酒放在桌子上，瓶子外面会出现小水珠；⑦戴眼镜的同学冬天从室外进入房间，眼镜片上因为出现细小的水珠而变模糊。这些既包括书本上的例子，又提供了许多典型的生活实例。有些学生还查阅了相应的资料，这样，我们就达到"不教而教"了。

【案例4】四年级下册"各种各样的花"一课的"先学"任务

找到并记录3—4个不完全花的例子。

某学生找到的例子是：①柳树花；②桑树花；③杨树花；④南瓜花。

在课堂小组讨论中，同组同学对于桑树花到底缺少哪一部分有争论。又有同学提出，南瓜花到底是雌花还是雄花？争论由此而起，并由小组升级到全班。最后，问题聚焦在什么是不完全花，什么是雄花和雌花。大家在问题的启发下重新阅读课本和资料，在争论、辨识、再阅读的过程中，概念越来越清晰。这真是"无心插柳柳成荫"啊！在这种课堂上，教师还需要口干舌燥、滔滔不绝地"教"吗？"不教而教"在一定程度上得以实现。

三、做前思

【案例5】 五年级上册"我们的小缆车"一课的"先学"任务

1. 以垫圈重力拉动小车,你预测拉力大小与小车速度间有怎样的关系。

2. 在这个实验过程中,哪几个条件要始终保持一致?为什么?

3. 应该怎样增加垫圈?说说你的理由。

4. 你认为还需要什么仪器才能研究小车的速度变化问题?请说出实验方案并尝试设计记录数据的表格。

"先学后教"促自主学习,最大的争议是如何落实科学探究。《义务教育小学科学课程标准》中已经明确把科学探究作为内容标准的一部分,并指出科学探究应是重要的科学学习方式。总有教师会问:让学生先学,先看教材了,结论尽知,还谈什么探究?探究性实验的功能又何在?

典型的实验探究课,用实验探寻规律是课的核心部分。但是,"动脑胜于动手",如果学生只是根据我们所给的步骤按部就班地操作,将使探究成为"教师指令下的操作活动",学生的行为沦为"实验体操"。说到底,动手前的动脑才是核心所在。因此,让学生在课前"先学"就是进行触及核心的思考。案例5的"先学"任务,从生活经验和三、四年级学习基础切入,引导学生设计研究拉力大小与小车速度快慢规律的实验方案。第1问提出假设,第2、第3问为实验设计起铺垫作用。在课堂交流环节,由于学生在课前对对比实验相关变量的控制、变化情况已经有了深入思考,课堂上思维的火花随处可见。

四、科学游戏

【案例6】 三年级下册"水和水蒸气"一课的"先学"任务
1. 洗过的手帕,你能够让它干得更快吗?
2. 你有几种办法?在家里试一试。

如此"先学"任务,简单而灵活,学生乐于去做。科学游戏具有开放、灵活的特点,与小学生的个性相匹配,为学生创造了一个形成感性认识的真实科学环境。该活动看似简单,却触及本节课的核心——"蒸发"概念的建构及水蒸气特点的观察,触动了学生的思维,让学生在思维上做好了准备,实现了让学生在课堂教学外也能开展科学探究活动的目的。

五、小制作

【案例7】 五年级下册"沉与浮"单元的"先学"任务
1. 用身边的材料做一艘小船。
2. 比一比谁的小船既美观又载重量大。

科学小制作可以培养学生的动手能力、探索能力,还可以开发他们的想象力,锻炼其操作能力,这样的"先学"任务为建构科学概念打下基础。不少学生还以此为基础,通过家长的支持建立了家庭小制作工具包、资源包。有了这样的工具包、资源包,学生动手制作的兴趣更高了,效果也更好了。

六、差异性小实验

【案例8】 一年级下册"观察一瓶水"一课的"先学"任务
在装满水的杯子里放回形针,猜测能放几个,再动手试一试能放几个。

差异性实验是指实验现象或结果是人们意想不到的、违反直觉的、似非而是的实验。一般情况下,学生较难接受事物的"差异性",因为这些差异与他们的前概念相矛盾,但只要运用恰当,这些矛盾也能成为激发学生去探索差异的欲望和冲动。在西方国家的科学教学中,差异性实验被广泛运用,对激发学生的探究兴趣能起到良好的效果。

总之,科学课中的"先学"活动,除了阅读教材,更应该鼓励学生先观察、先做小实验、先找例子、先查资料。我们必须进行教学整体设计,在整合教学内容的基础上,引导学生把握核心科学概念,找到知识的"根",设计出简单、灵活、学生乐于参与的"先学"任务。

▶小学科学探究活动研究计划的制订策略[①]

科学探究是一项目的性、计划性很强的活动。为了使探究活动有条不紊地进行,使课堂中学生的亲历活动成为真正的科学探究活动,制订高质量的研究计划无疑是科学探究活动的重要环节。面对要探究的科学问题,应该让学生想好"为何做?""做什么?""怎么做?",不是盲目地尝试,而是经过一番深思熟虑,再开展有计划的活动。研究计划的制订能够使学生的探究活动更加富有成效和价值。那么,制订小学科学探究活动研究计划可以有哪些教学策略?接下来我们做一些简单的探讨。

一、整体把握小学各学段制订研究计划的不同要求

在小学阶段,由于学生年龄小,认知能力的发展处于起始阶段,对学生

---

① 原文发表于《科学课》2007年第5期,收入本书时文章标题和内容略有改动。

制订研究计划的能力要求不能过高。对于不同年级，制订研究计划的目标应该不一样，必须符合小学生的年龄特点，由扶到放，逐步培养。

低年级的科学探究以观察活动为主，观察和实验都较为简单，如观察植物的各个部分、蜗牛和蝗虫的特征比较、了解自己的身体外形、比较水的多少等。由于低年级学生初次接触研究计划的制订，我们可以提供一些示范。该阶段的研究计划一般仅涉及"问题"和"方法"两个方面；大多以小组合作的形式完成；通常以制订口头计划为主，并逐步过渡到制订书面的研究计划。

三、四年级学生的探究不只是用简单的工具对单一的研究对象进行观察或实验，而是要对研究的问题做出更详细的思考。在指导三、四年级学生制订研究计划时，要侧重计划的步骤，即要求学生写出研究的简单环节，包括确定研究问题、准备研究工具和材料、明确研究方法等，并且可以鼓励学生制订个性化的研究计划。学生制订好了研究计划，还要进行交流探讨，不断完善，使研究计划的制订和实施更加科学。

到了五、六年级，对学生制订研究计划的能力要求更高了，更侧重于计划的系统性和完整性，鼓励学生用不同的方式表述计划。该阶段的研究计划主要表现在计划的内容、研究的问题、研究问题的目的性这三方面。在计划的内容上，要有研究步骤；在研究的问题上，要对某个特定问题进行深入探究；在研究问题的目的性上，要清楚地知道自己为什么研究这个问题，对制订的计划有一个明确的方向。

二、提倡制订书面的研究计划

《义务教育小学科学课程标准》在科学探究的具体内容标准中指出：能提出进行探究活动的大致思路，能对自己或小组提出的探究问题做出书面计划。书面计划更能够让实验活动步骤明确、方法具体，能够有效帮助小学生开展探究活动。同时，研究计划不仅包括了探究活动前学生的思维活动过程，后续实验活动中的各项数据、证据也常常记录在这份书面研究计划里。因此可以说，研究计划里包含了许多科学方法和精练的科学知识、经验与证据，有些可能具备科学性，有些也可能具有某些不科学的成分。在后续的学习中，当学生发现与以前书面计划相一致或相矛盾的内容时，经过深入的反思，能够有效深化自己对科学概念的理解。

书面的研究计划一般可以分为文字式研究计划、表格式研究计划、文字表格结合式研究计划等几种。表 3-2-1 是一位教师在执教四年级"控制物体发出的声音"时，指导学生制订的表格式研究计划。

表 3-2-1 "控制物体发出的声音"研究计划表

问题	发声罐发出的声音与发声材料有何关系？		
假设			
实验做法	研究因素	一样	不一样
	罐体材料	√	
	罐体大小	√	
	发声物材料		√
	发声物数量	√	
	发声物大小	√	
	摇晃方向	√	
	摇晃力度	√	
现象			
结论			

上述研究计划的优点是清楚明了，所以很多探究活动都采用表格式研究计划。当然，教学中可以根据探究问题的实际需要和学生书写、记录的方便，选择相应形式的研究计划。

三、研究计划要尽可能步骤具体、操作性强

若方案不精细，学生在实验中容易出错，收不到预期的效果。因此，

在制订计划时，要让学生根据自己的猜测，调动已有的知识与经验，设计步骤及具体的研究方案。教师应做必要的指导，以保证方案的合理性和可操作性。

如"各种材料的'锅'"一课，要验证不同材料传热的快慢，从而总结热的良导体和热的不良导体。如何用橡皮泥等材料做"锅"？怎样捏橡皮泥？怎样才能使"锅"底的面积大一些？如何才能做出大小一样的"锅"？各种"锅"离火的位置等变量因素如何控制？这些都是实验成败的关键，所以设计方案的步骤要具体细致，才能取得良好的实验效果。否则，说不定得出玻璃比铝片更易传热的结果。

在书面研究计划中，可以有类似"我还有新的办法""这样最简单""我认为……""我的做法是……"等提示语。这些短小精悍的提示语，开放性强，思维训练指向明确，能适时地启发学生独立思考，提示学生的学习，引领学生创新探究。

四、让定量研究成为主要研究方式

科学是为了认识和解释已有的客观世界，而且解释必须以通过观察和实验获得的客观事实为基础。因而，基于观察、实验、测量、调查、统计等方法进行的定量研究，对研究的严密性、客观性都有严格的要求，以求得到客观事实。定量研究是科学研究的主要形式，数据是定量实验结果的主要表现形式，亦为推导科学结论的主要证据。为了帮助学生获得有效的数据，教师需要在指导学生制订研究计划时，让定量研究成为科学探究活动的主要研究方式。

我们来看几节省级小学科学研讨课的课堂研究计划案例。

【案例1】三年级"被压缩的空气"一课的研究计划表（见表3-2-2）

表3-2-2 "被压缩的空气"研究计划表

单位：mL

挤压前					
挤压后	第一次				
	第二次				
	第三次				

【案例2】五年级"比较白色和黑色纸筒在阳光下的温度变化"一课的研究计划表（见表3-2-3）

表3-2-3 "比较白色和黑色纸筒在阳光下的温度变化"研究计划表

时间/min	0	2	4	6	8	10	12	14	16	18	20
黑色纸筒温度/℃											
白色纸筒温度/℃											

注：共测20min，每间隔2min观测记录一次。

科学数据就是"证据"，以此推理和解释，体现的正是尊重事实、尊重证据、以事实说话的科学态度。在制订研究计划的过程中，我们要把握学生在获取数据方面的不足，进行有针对性的研究计划设计，引导学生用感觉器官或借助工具、仪器，通过自然情境下的观察和测量以及在实验室中进行的实验和测量来收集实证资料，以获取客观、准确、足够的数据。让定量研究成为科学探究活动的主要研究方式，更重要的是让学生对科学本质有所体悟，对科学探究严谨性有所认识，初步培养学生的科学理性态度，发挥科学教学的真正价值。

五、交流修正研究计划，激发学生的思维碰撞

学生制订研究计划的过程并不是一蹴而就的，要达到好的效果，需要教

师精心组织研究计划的交流、修正和研讨活动。让学生先独立地、静静地动脑思考，再在小组中交流。在小组内，每名学生都将自己的观点大胆地展示出来，接受他人的质疑，从中不断修正自己的观点，同时也可以保留某些个人见解；之后小组达成共识，形成相对共性的研究计划后，在全班进行交流；当全班性的探讨展开之后，学生进入第二次交流碰撞，并再次修正自己的记录表，也可适当保留个人见解。这样，一份份有个性的科学探究计划便产生了。交流修正研究计划，能激发学生进行积极的思维碰撞，展开真正的"科学辩论"，并为后续研究活动扫清障碍，同时培养学生严谨的逻辑思维和科学质疑精神。

如下"一杯水里能溶解多少食盐"教学片段，展示了教师如何引导学生交流修正研究计划。

【教学片段】一杯水里能溶解多少食盐

（在"一杯水里能溶解多少食盐"一课中，教师让各研究小组派代表向全班介绍自己小组的研究计划。）

师：我们重点来讨论一下按怎样的顺序加盐。

生：1克1克加。

师：为什么这样加？

生：我们不知道50毫升水到底能溶解多少食盐，先少加点试试看……

生：你们这样太浪费时间了。

生：我们前面已经知道50毫升水一般能溶解10—20克食盐，我认为可以先多加一些，比如先加10克……

生：干脆一下子加足20克，因为我们猜测50毫升水能溶解20克食盐。

生：不行！万一不能溶解完怎么办？到时就无法确定溶解了多少克食盐了。所以不能一次性加足，可以先加10克，再1克1克加。

师：修正一下你们的研究计划。

（学生讨论并修正计划。）

"按怎样的顺序加盐"，一石激起千层浪，引发了学生的思考和讨论。通过辩论，学生加盐的顺序和量变得更有目的性与计划性，也为进一步修正、实施计划做好了重要铺垫，并使学生经历了一次科学探讨，让学生的思维得到发展，让我们的科学课堂更富有科学味。学生在与自己原先的认识相对照时，发现了自己思维上的变化，特别是对其中的一些方法有了更深刻的认识。这种碰撞，使学生探究活动的层次提高了，同时对研究计划的要求也更高了。研究计划就像无形的纽带贯穿着整个课堂，引领着学生的学习，让他们乐此不疲。学生的科学素养在研究计划的交流、修正过程中得到提升。

总之，研究计划不仅是科学探究的一个组成部分，更是整个探究活动的基础，科学教师的教学理念、专业素养、教学艺术都将在研究计划中得到展示。在制订研究计划的过程中，学生的思维能力、实证意识、科学精神等都可以得到发展，从而使科学探究在科学课堂中焕发出新的生命活力。

▶"长时探究"：让学生成为科学学习的主人[①]

教学策略实施的最终目的是让学生实现充分的发展，课堂应该将有限的时间用于让学生做最有价值的事。小学科学课堂教学过程中实施"长时探

---

① 原文发表于《科学课》2011年第5期，收入本书时文章标题和内容略有改动。

究"教学策略,有效保证了让小学生经历一个具有充足时空的科学探究过程,成为科学学习的主人。当前,我们应如何理解、把握"长时探究"的含义、价值与实施策略?本文就此对"长时探究"做了简要探讨。

一、"长时探究"的含义

所谓"长时探究"教学策略,是指在小学科学课堂中,在教师的引导下,学生经历一个自主的、较长时间的、连续不中断的观察实验活动。

我们来看章鼎儿老师设计的材料单元"比较硬度"一课。

【案例1】"比较硬度"一课

(一)活动前的准备(3分钟)

1. 教师出示两块木头,问:它们的硬度是否一样?谁有办法比较?

2. 介绍实验盒里的材料(6个圆片)。今天的任务就是比较不同材料的硬度。

(二)分组实验活动(20分钟)

小组活动的任务如下(幻灯片展示):

1. 以自己设计的比较活动比较6种材料的硬度,并按硬度序列排列6种材料。

2. 发现2种以上的比较这些材料硬度的方法,并对自己小组方法进行评价。

学生探究实验,教师巡回指导。

(三)活动后的整理、表达与交流(16—18分钟)

1. 各小组整理、展示自己的研究结果。

2. 交流全班的研究结果:(1)硬度排序;(2)比较方法;(3)最欣赏的比较方法。

在以上教学过程中,用时20分钟的教学环节——学生分组实验活动,即本文所定义的"长时探究"。从案例中不难看出,与传统课堂教学相比,"长时探究"教学策略具有这样一些特点:首先,学生动手动脑观察、实验的活动时间比较长,接近 20 分钟,几乎相当于整节课的一半时间;其次,这是一个连续不中断的活动,或者是由几个小活动有机整合成的一个大活动;再次,是在教师指导下,小学生经历的自主性很强的观察、实验活动;最后,就课堂结构而言,教学环节的安排十分简约,除了开门见山的新课导入、最后简短的课堂总结之外,仅学生分组实验探究活动和讨论交流两大环节,教学环节的简约设计是实现"长时探究"的基础和前提。

二、"长时探究"的价值分析

(一)体现了科学课堂学习方式的变革

审视当前的小学科学课堂,我们就会发现,依然只是启发了少数学生,大多数学生还是被动的;依然大部分是教师长时间地讲授,学生"木桩式"地听讲;依然是教师支配、占据着大部分课堂教学的时间和空间。一些课堂未能真正实现学生学习方式的变革,从本质上讲,仍然是源于在学习的时空里轻视学习主体的存在,没有使学生成为学习的主人。

在皮亚杰看来,儿童不只受教于教师,自己也可以独立学习。儿童是主动的学习者,真正的学习并不是教师传授给儿童,而是出自儿童本身。魏书生说:"我们正置身于一个教育开发、教育改革的时代,正置身于一个使学生成为学习主人的时代。"我们有什么理由不在课堂上腾出更多的时间和空间,让学生自主学习呢?

"长时探究"使学生拥有了自由快乐的学习时空。一方面,学生自主活动的时间达到将近 20 分钟,这样就把课堂时间的主动权还给了学生,学生有了充足的时间开展探究活动。另一方面,把研究内容的选择权、研究方案的决定权、选择材料的自主权都交给学生,学生们观察实验,科学记录,同伴研讨,收集证据,自我检测,拥有了更为宽广的活动空间,整个课堂人人有事做，学生成为真正的学习主人。"长时探究"成为撬动学生科学课堂学习方式变革的有效支点。

（二）促进了学生科学思维的参与与发展

科学教育必须提供机会，让学生的思维经历实验猜想与实验观察结果之间碰撞，以及自己的想法与他人的观点互动的过程，如此学生才可能通过认知冲突体会到个人理解的局限和科学理论的优越所在，为前者向后者转化打下基础。否则，学生大脑中硬刻上去的东西很快会淡忘，留下的只有他们自己的"科学"，自己的认识。《全日制义务教育科学（3—6年级）课程标准》（实验稿）指出，应重点评价学生动手动脑"做"科学的兴趣、技能、思维水平和活动能力。由此可见，以"思中做，做中思"为特征的思维参与过程，是科学探究活动的本质属性，是科学探究活动的灵魂。

学生在"长时探究"过程中，教师不再事无巨细、面面俱到地进行活动前的指导，而是让学生"在游泳中学游泳"，放手让学生做，让学生自己动脑设计方案，修改、调整方案，展开探究活动。"长时探究"引起学生对活动过程的关注，关注活动过程中产生的问题，关注活动过程中问题的解决方法，关注自己在探究过程中的思维参与。"长时探究"让学生自主经历了"为何做？""做什么？""怎么做？""结果是什么？""说明了什么？"等一系列思维活动，有效促进了学生科学思维的参与与发展。

（三）提升了科学教师对探究教学理论的理解与认识

科学探究是美国《国家科学教育标准》中教学标准的核心原则，《科学素养的基准》也多处讨论科学探究。21世纪之初，在我国基础教育课程改革特别是科学教育改革中，科学探究的理念被认真地吸收进来。应该说，科学探究在培养学习者科学兴趣、培养科学探究所需要的能力、增进对科学本质的理解等方面具有不可替代的作用，这已经成为广大科学教师的共识。但是，对科学探究的内涵及教学策略的认识与掌握，却有一个由浅入深的过程。

一段时间以来，科学探究常常被僵化、简单化为一种固定的模式：提出问题、形成假设、设计实验、进行实验、收集和分析数据、相互交流得出结论。有些十分简单的问题，通过观察就能找到答案，我们也要学生经历先提出假设，再设计实验等过程，将简单问题复杂化。模式化和简单化的另一表现是绝大多数探究结果都是已知的，这种"重演-再现式"的探究因此被打上了验证既有知识的烙印。

还有一种现象在教学中十分突出，教师为了确保实验活动的"成功"，不惜花费大量时间指导实验的过程与方法，常常是"活动前教师指导30多分钟、实验活动5分钟"。活动过程中没有不确定性，鲜有失败，鲜见另辟蹊径，学生也并没有真正成为课堂的主人，科学学习的主人。

在对科学探究内涵的认识过程中，我们逐步体会到探究活动应当是一个由起始目标引导，由新的发现、新的问题持续推动的活动；是由几个连续活动组成的活动；是可以不断深究、不断延续、不断进行下去的活动。显然，"长时探究"符合科学探究活动的这些属性。另一方面，近年来，章鼎儿老师、喻伯军老师等专家不断从理论层面和实践层面，引领广大科学教师提升对探究教学理论的理解与认识，"长时探究"正是在这样的课改背景下走进了当前的科学课堂。

三、"长时探究"的实施策略

（一）集中探究主题

探究活动是从问题开始的。在科学探究活动的设计中，提出问题，明确探究活动的主题，实质是选择和确立课题，是科学探究活动的起点。根据小学生的年龄特点，小学阶段的科学探究活动是"开始于一个问题的探究，结束于更多问题提出的活动"。

由此可见，小学阶段科学探究活动的主题不仅应该是适合学生认知结构的科学问题，而且应该是一个学生感兴趣的问题。"制作一个1分钟摆15次的摆""发出高低不同声音的振动物体的不同特点""导体与绝缘体的检测""高锰酸钾在水中是怎样溶解的"等问题，探究的主题集中明确，研究的目标十分清晰，适合小学生进行科学探究活动，也适合进行"长时探究"活动。就"长时探究"的内涵而言，学生需要自主选择研究内容，决定研究方案，确定实验材料，为了保证探究活动有效展开，需要有一个十分明确的起始目标引领。探究主题分散的活动，并不适合小学生"长时探究"，如"探究条形磁铁各部分的磁性强弱"与"研究磁铁两极间的相互作用"，就不应该安排在三年级学生的同一个"长时探究"活动里。

（二）整合实验活动

"长时探究"的明显特点是将几个短时间的小活动整合成一个将近20分钟的长时间的探究活动，将"小活动、交流—小活动、交流—小活动、交流"的多环节模式整合为"大活动、讨论与交流"的大环节教学模式。

整合"长时探究"的观察、实验活动首先要符合认识事物的一般规律。笔者将"土壤中有什么？"一课的整合实验活动设计为：小活动①——取部分土壤，捻碎，按颗粒大小将它们分类；小活动②——将土块放入装有水的杯子里，充分搅拌，然后静置在桌上，仔细观察杯中土壤的沉积物分成哪几层。先观察土壤颗粒，再放入水中观察，符合对一般事物的观察顺序规律。其次，几个小活动要围绕同一主题，从不同的侧面有序展开。喻伯军老师执教的"声音的变化"一课，紧紧围绕"发出高低不同声音的振动物体的不同特点"的研究主题，指导学生先后观察研究琴片、琴弦以及自己带的乐器发出高低不同声音时呈现出的不同的特点。最后，要使"长时探究"各小活动间形成良好的结构，体现学生科学思维的发展过程。有效整合各个活动，为学生建构丰富、深刻的科学概念打下基础。

（三）分步有序推进

"长时探究"往往是由几个连续活动组成的活动，因此教学过程常常是在教师的指导下分步有序推进。"任务单""问题卡""说明书"和有结构的实验材料,都是有效推进"长时探究"活动的很好载体。

"任务单"的内容一般在探究活动前呈现,即向学生布置探究的任务。如"制作一个1分钟摆15次的摆""比较淡水和盐水的轻重"等,以"任务单"的形式出现,为学生提供充足的探究空间,让学生以小组为单位共同完成。

"问题卡"常常出现在"长时探究"的活动过程中。在完成了前一个观察实验活动后,教师往往会以"问题卡"的形式引导学生将探究活动持续下去。章鼎儿老师执教的"蜡烛会熄灭吗?"一课,在活动过程中发放了如下"问题卡(活动建议)",将学生的探究活动引向深入。

【案例2】"蜡烛会熄灭吗?"一课

1. 想出一个使杯内蜡烛继续燃烧的办法,试一试。
2. 还有别的能使蜡烛继续燃烧的方法吗?试一试。

有些需要教师交代清楚的观察、实验方法,使用"说明书"是一个好的方式。

【案例3】"土壤中有什么?"一课

"土壤中有什么?"一课教学中需要把土壤放进水中观察,教师向完成了前一项观察任务的小组出具了这样的"说明书":①将土块放入装有水的杯子里,讨论:观察到了什么?②用筷子在水中充分搅拌,然后将杯子静置在桌上,仔细观察静置在桌上的杯子,把观察到的现象画在记录单的杯子里。③小组讨论:杯中土壤的沉积物分成哪几层?

"说明书"有效推进了观察活动的继续进行。

此外,实验材料的分步骤发放,也是有序推进"长时探究"的好载体。"高锰酸钾在水中是怎样溶解的"一课的观察实验活动,教师并没有把用于搅拌的筷子直接放在各小组的实验桌上,而是在学生仔细观察了高锰酸钾初入水时的情景并做了记录后，才给各小组发放了一根竹筷，确保了实验活动的有序进行。

（四）优化指导策略

科学探究活动中的指导策略一直是科学教师研究的重要课题。需要意识到，"长时探究"活动过程中教师的指导作用并不应该被削弱，教师应优化指导策略，提高指导效率，推进探究活动的有效展开。

一是把握重点。教师不再花费大量时间作"事无巨细、面面俱到"的指导，而是根据实际，对学生的学习难点、关键环节做适当的提示。明确学生实验活动的"难点"，把握重点，一方面保证了学生的探究活动得以顺利展开，另一方面为学生留下了充足的探究空间，让学生"跳一跳去摘桃子"。

二要点面结合。既要注重对全班学生共性问题的指导，更要加强对小组，甚至个别学生的指导。可以这样理解，我们在"长时探究"活动前的主要任务是对全班的指导，活动过程中的主要任务则是对有一定困难的小组、个别学生的指导。

三是随机嵌入。高效的教师指导应当是发生在活动过程中的，并且"不留痕迹、润物无声"。作为引领者的教师，不仅要关注学生经历的探究活动，更要重视对各个活动的内在联系的把握，在学生的"长时探究"中起到点拨、引领、促进的作用，提升"长时探究"的价值。

四、思考与展望

1. 作为小学科学课堂教学的新生事物，"长时探究"如何更为有效地实施并展开，目前的认识与实践都还较浅显，需要全体科学教师不断探索、研究。

2. 建构主义学习观认为，"学生是在已有经验的基础上建构知识"，而不是像容器一样"接收知识"。同理，"长时探究"的教学观念和行为，也只能在科学教师已有的知识和经验基础上，通过反思和实践逐步建构。

▶小学低年级科学游戏活动的设计与实施[①]

德国教育家福禄贝尔曾说:"游戏、玩积木、造型等活动是儿童最初的生产活动,这最初的生产活动就像可爱的花朵正准备结成果实,而日后勤奋劳动的工作便是果实。"对于小学低年级学生来说,游戏是他们最感兴趣、最有效的学习形式。因此,设计和实施科学游戏活动,激发学生的好奇心和探究欲,让学生在自己感兴趣的活动中学习科学知识,经历科学探究,发展科学思维,是低年级科学教学的重要任务。

一、巧设游戏小问题,步步吸引

低年级学生主动倾听能力较弱,以无意识倾听为主。在设计低年级科学游戏活动时,可以着重关注以下方面。

1. 问题儿童化

低年级学生的语言理解能力较弱,因此引导学生进行科学活动的问题,不能成人化、抽象化,要符合儿童的特点,吸引学生愿意听,让学生听明白。

比如"沉和浮"学习主题的探究活动,对于一年级和五年级学生,提出的问题是截然不同的。

对五年级的学生,我们提出的问题是:"让浮在水面的空瓶子沉下去,你有哪些方法?打算怎么进行实验?"

而对一年级的学生,我们提出的问题是:"你有什么办法帮助这个瓶子,让它沉下去?"

以适合低年级学生的儿童化的语言进行提问,让他们明白要做的事情是帮助瓶子沉下去,是一种给予帮助的游戏活动,有助于吸引低年级学生更好

[①] 作者为浙江省建德市实验小学科学教师、"邵锋星名师工作室"骨干教师邵礼琴老师。

地完成学习任务。

2. 内容明确化

复杂、长句式的提问，会让低年级学生听不明白，导致之后的科学活动不能较好地开展。面对低年级学生，教师提出的问题要尽量做到简单、明了，使他们能快速搞清楚自己接下去要怎么玩。在二年级科学课"糖去哪儿了"中，教师是这样提问的：

（教师出示一杯水并倒入一小包糖。）

问：糖去哪儿了？

五个字的问题，内容简单，指向明确，学生能轻松听清楚问题，发表自己的想法。当学生基本表达出自己的想法之后，教师继续提问：

问：你看到了什么？

依旧是简单、明确的内容，学生听得清楚，才能说得明白。低年级学生用观察到的现象和生活经验来表达自己的思想，老师就能准确发现他们的需求，针对性地进行引导，使他们能进行有导向有启发的科学游戏活动。

3. 提问逐个化

在高年级科学课堂教学中，为了使学生的思维不间断，教师会同时提出几个问题，让学生以回答问题串的形式展开活动和研讨。这种连续思考的方式，完全不能用在低年级科学课中。一年级的学生一次只能听清楚、听明白一个简单的问题。在引导低年级学生进行思考和活动时，我们要耐心细致地向他们逐一提出问题，引导学生进行活动和思考。

"糖去哪儿了"一课的提问就是这样进行的，教师用一问一解决的方式进行提问引导，有效地帮助低年级学生进行科学活动、思考和分析。教师往杯子里倒入一小包糖，叫学生上来尝，发现上层没什么味道，下层有点甜，这时问：怎么会这样呢？之后提供给学生彩色糖，让他们把糖放入水中静置，问：糖分布在什么地方？在学生展示自己杯中的彩色糖在什么地方之后，又追问：糖是怎么分布的？（学生用画图的方式表示糖的分布。）继续问：我想整杯水都甜，你有什么办法吗？引出搅拌实验。让学生尝一尝之后问：现在糖是怎么分布的？（学生用画图的方式表示糖的分布。）教师逐一提出了五个小问题，引导学生体验、思考。没有出现溶解的概念，却让学生在逐个解决这五个问题后观察了溶解的现象，建构了溶解的初步概念。这样的效果正是需要提问逐个化的有力证明。

二、串联游戏小活动，层层递进

爱玩好玩是孩子的天性，孩子们愿意在好玩的游戏中学到知识和本领。然而孩子在玩的过程中也存在持久性不够的问题，几分钟新鲜度过去之后就不愿意玩了。因此，在低年级科学课堂中串联好游戏活动，激发学生不断进行科学探究是十分重要的。

1. 内容激趣性

在趣味性游戏中，游戏材料、现象和方法是最能激发学生学习兴趣的。"空气占据空间"一课，就以这样的活动内容激发学生的探究兴趣：

教师拿出一个超大的装满空气的塑料袋。

师：哪位小朋友愿意来抱一抱它？

学生争先恐后上台抱一抱，并说出自己的感觉。

当学生抱抱大塑料袋后，教师问：孩子们，有什么办法看到塑料袋里的空气呢？

抱一抱塑料袋，想个办法看到塑料袋中的空气，在我们大人的眼里看似无趣的活动，却大大调动了学生的好奇心。他们迅速开动自己的大脑，寻找一切办法让塑料袋里的空气看得见。然而，以一年级学生的认知水平和生活经验是难以找到好办法的。教师此时提供生活中遇水会变湿的纸巾帮助学生进行第二个游戏内容，出现与学生前概念认知冲突的现象，再一次激发了学生一探究竟的欲望。这组活动内容既达到了激发兴趣的目的，也让学生在感兴趣的游戏活动中初步建构了科学概念。

2. 活动层次性

低年级学生的注意力集中时间往往只有3—5分钟，所以并不适合长时探究，而是需要不断用新的、更好玩的游戏刺激他们。我们不能抛出一个大问题，给低年级学生一个长时间的活动，而是应该把活动分成几个不同层次的小活动展开。以"水"一课为例，目的是让低年级学生分辨出气球中的几种物质，可以用以下三个小活动完成。

师：老师的7个气球中装着7个不同的东西，有石头、豆子、夹子、空气、醋、牛奶和水。请小朋友猜一猜。（不能打开气球哟！）

1. 石头、豆子、夹子分别在哪个气球中？

（学生动手找出，并说出自己的理由。）

2. 空气在哪个气球中？

（学生动手找出，并说出自己的理由。）

3. 水到底在哪里？

（在学生出现疑惑时，给他们提供所需要的材料继续活动。）

这个环节由三个不同层次由易到难的小活动串联而成。学生凭借原有的生活经验，找出特征最明显、差异最大的几种固体物质并不难；之后提高难度，学生需找出看不见、摸不着的空气。根据平时游戏经验，学生轻松地知道哪个气球中装的是空气。最后猜一猜水在剩下的哪个袋子中。因为水、牛奶和醋被彩色气球包在里面，看不到颜色，闻不到气味，学生借用自己平时的经验和用手摸一摸已经猜不出来，他们会向教师提出自己的方法和理由。此时教师再提供学生需要的材料支持他们继续完成活动。学生在三个循序渐进的游戏活动中，逐步认识到水的特点。这一串小活动，层层递进，不断激发学生探究揭秘的欲望。

3. 形式多样性

运用丰富多样的游戏形式，而不以单一的活动贯穿整个科学游戏才能不断刺激低年级学生进行科学游戏。一年级"水"一课教学中,教师选用多种形式的科学游戏活动,不断激发学生的好奇心,让学生积极投入到科学游戏中。

游戏一:猜一猜

(当学生在三个小问题引导下,猜出了水在哪个气球中,觉得没有太多新鲜感时,进入第二个游戏。)

游戏二:摆一摆

师:老师还发现了一个神奇的现象。

把橡皮泥做成圆形,水放入其中,就成了圆形的水。(展示投影)

把橡皮泥做成正方形,水放入其中,就成了正方形的水。(展示投影)

把橡皮泥做成三角形,水放入其中,就成了三角形的水。(展示投影)

师:你还能摆出不同形状的水吗?

学生摆一摆水的形状。(学生用之前的实验材料换取橡皮泥和勺子。)

讨论:水到底是什么形状?

当学生的游戏热情呈下降趋势时,教师伺机展现颜色鲜艳的橡皮泥,可以看到学生们眼中重新闪烁着激动的光芒。"捏一捏橡皮泥,摆一摆水",使得学生的动手动脑欲望瞬间爆满,他们捏出了很多新奇好看的形状。在说一说水到底是什么形状的活动时,学生有很多有价值的想法表达。

师:水到底是什么形状的?

生1:我发现水是没有固定形状的,我把水放到爱心形橡皮泥中,水就成了爱心形的。

生2:我们也发现了。我们把水放到五角星形的橡皮泥中,水就成了五角星形的。

生3：我还发现，水除了没有固定形状，水还是没有颜色的。

师：为什么这么说？

生3：因为我们把水放在蓝颜色的橡皮泥圆中，水就成了蓝色。

学生使劲举手说：是的，是的，我们也发现了。

……

多种形式的有层次的小活动，时时激起学生的好奇心和探究欲。学生在丰富、有趣、好玩的游戏活动中，发现了科学的现象和秘密。有意串联的小活动大大激发了学生的科学探究欲望，为学生之后的科学探究开启了一扇幸福之门。

三、优化合作小组形式，人人参与

低年级学生小组合作的意识和能力都很弱，在组织他们开展合作学习时，我们不能用简单的四人小组合作方式完成科学游戏活动，而是要优化合作小组形式，确保人人参与。

1. 人数减一减

我们了解到，儿童往往是从大班才开始接触"合作"一词，进行合作活动。他们的合作并不是我们科学活动中的多人合作，基本是两两合作，是儿童自己选择、自由组合成好朋友小组。现实生活中，儿童只会选择自己最喜欢的好朋友进行合作，分享玩具。

正是基于这些特点，在开展低年级科学游戏时，我们不应该急促地给学生分成四人或五人小组，应该让我们的科学活动小组变成"同伴小小组"，让学生与自己选择的同伴在同一个小小组。在这样的小小组中，儿童才愿意和同伴合作、分享，达到共同完成游戏活动的目的。

在一年级"小水轮"一课教学中，虽然学生以四人小组坐着，但是在进行分组活动时，教师是这样说的：请你和小组内的一位朋友合作，两人一起完成小水轮的制作。学生快速和身边的一位朋友组成小小组，很好地合作完成了制作小水轮的活动。小小的二人组，效果远远强于四人小组。因而在低年级科学课堂中，减少人数的小小组更适合年龄小、合作意识较弱的儿童。

2. 材料加一加

在活动中，儿童常常害怕材料不够自己没得玩。因此我们要改变以往一组只准备一份材料的做法，有了充足的材料，他们才会拿着自己的材料安心玩。

二年级下册"我们自己"这一单元，在量手腕的粗细的活动中，教师给每个学生都准备了量手腕的彩纸，而且每个小组中的彩纸颜色相同。面对足够多又一样的材料，学生很快拿出彩纸，进行自己手腕粗细的测量，在量一量的活动中认识到我们每个人的手腕是有粗细的。此外，他们在遇到难以操作的问题时还主动请组内同伴帮忙解决，初步培养了小组合作意识。充足的游戏活动材料，避免了学生争抢材料的局面，让他们迅速投入到科学游戏活动中，提升了科学游戏活动的价值。

3. 方式变一变

在科学课堂中，我们常鼓励科学小组形成比较明确的任务分工，如实验员、记录员、材料员、汇报员等，组员分工合作，完成探究任务。可是七八岁的孩子都喜欢在拿到实物后进行拿捏拆装等，并不能静坐在座位观察记录。因此，常用的小组合作的方式对低年级学生是需要改变的，他们更需要的是小组同伴间的相互帮忙，而不是各司其职。

在教学"神奇的洞洞"一课时，教师让小组长把贴好洞洞的人模型拿到台前展示，并做介绍。这时，出现了意想不到的场面：一个小组四名成员簇拥着人模型上台了，汇报时，小组内的成员一个接着一个说。原来，教师随机改变展示方式，以小组成员一起上台介绍代替小组长一人介绍。孩子们你一句我一句，介绍得非常仔细，远比一名孩子的汇报丰富。可见，从低年级学生的特点出发，优化小组合作方式是非常有利于儿童活动和思维发展的。

作为小学科学课堂教学的新生事物，低年级科学游戏活动如何设计与实施，目前的认识与实践都还十分浅显，需要我们在实践和反思中不断探寻。

▶做好小学低年级科学探究活动中的即时评价[①]

低年级科学教材中安排了很多生动有趣的内容，孩子们都非常喜欢上科学课。但低年级学生有意注意的时间短，自我管理能力弱，容易分散注意力，课堂教学效果常常并不理想。

【案例1】一年级上册"我们知道的植物"教学片段

师：孩子们，塑料花是植物吗？

生1：它有花和叶，是植物。

生2：不是植物，它不会长大，不会死亡，一直都是这样的。

生3：只要把塑料花装上根再种进土里，它就会长大了，它是植物。

"是""不是""是""不是"……，教室里吵翻了天。看着孩子们争论不休，教师有些莫名其妙，却又无可奈何。正巧下课铃声响起，教师匆匆结束课堂，离开教室。

类似的现象还有不少。基于上述课堂现象，在低年级科学探究活动中，可以通过运用即时评价策略，有效促进学生的科学学习。

[①] 作者为浙江省建德市实验小学科学教师、"邵锋星名师工作室"骨干教师邵礼琴老师。

一、基于低年级学生年龄特征，丰富评价语言

1. 语言童趣，贴近儿童

兴趣是最好的老师，因此，我们要基于低年级学生的年龄特征，努力创设轻松愉快的课堂氛围，激发学生的学习兴趣。如在一年级上册"起点和终点"一课中，比赛用的玩具跳跳蛙，教师可以赋予它生命，称它为"青蛙宝宝"，让孩子们当"青蛙妈妈"。在指导如何操作跳跳蛙时，我们还可以运用"宝宝摔到地上，妈妈可心疼了"这样活泼的语言，评价低年级学生实验操作不规范的现象。低年级学生天真烂漫，课堂中我们运用富有童趣的语言进行评价，会增强亲切感，拉近与学生的距离，使学生喜欢科学课。

2. 句式简短，重点突出

低年级学生逻辑思维能力和语言感知能力偏弱。句式过长的评价语，学生难以在短时间里准确抓住重点，不利于学生的自我判断。如一年级上册"用手来测量"一课中，如何测量公园里大树有多粗，有学生提到"用手测"，教师用"可以"二字肯定学生的回答。有学生提到"可以用趴在地上两条腿分开的距离来测量校园里花坛的长度"时，我们运用"用腿和脚测量花坛的长度"这样的句式对学生进行即时评价，既肯定了学生的回答，又突出了腿和脚可以作为测量工具这一教学知识点。句式简短的评价语言符合低年级学生的认知水平。

3. 内容具体，指向明确

低年级学生的感知觉尚处于起步水平，他们对事物的精细分析和细节把握还比较弱。所以在进行课堂即时评价时，科学教师要明确指出学生学习好在哪里，不足在哪里。在一年级下册"给动物分类"一课的猜谜环节，明明是螃蟹，有学生猜测是蜘蛛。直接否定的评价会打击学生学习的积极性，教师可以先请猜错的学生说一说判断的理由，再请不同意见的学生说一说。不同答案一比较，学生就知道原来仅根据谜面中提到的八条腿就认定是蜘蛛是不对的，因为谜面中还提到它有两把大钳子。这样有针对性的评价反馈，教

师既告知了被评价者,也无形中告诉其他的学生要全面考虑问题。

二、关注学习氛围,评价时机得当

1. 瞬时激励,捕捉学生反馈的亮点

在课堂教学中,教师必须具备良好的洞察力和快速的反应能力,对学生的反馈信息及时做出恰当的评价,促进教学活动的顺利展开。低年级学生理解能力较弱,若教师评价不及时,学生的学习积极性易受影响。所以我们要善于捕捉学生反馈中的亮点,瞬间激励,调动学生学习的积极性。

【案例2】二年级上册"我们生活的世界"教学片段

师:你们在判断这些物体时,有没有让你感到为难的?

生:我觉得气球最难。

师:橡胶材料最难,是吧。我们有什么办法来证明?

(班里此时鸦雀无声。突然一个学生举起了手,教师立马邀请他回答。)

生:可以拉。

师:你给大家拉一拉气球。

(学生当着全班同学的面拉了拉气球。)

师:你很善于发现。气球可以拉长,说明橡胶具有弹性。

通过案例可以发现:二年级的学生对气球是用什么材质制作的判断有困难。教师借学生的反馈信息"气球是可以拉长的",与橡胶材质具有弹性这一特征巧妙地结合进行即时评价,轻松解决了这一教学难点。

2. 延缓等待,给予学生思考的时间

低年级学生入学时间短,知识面不广,对于教师的提问有时难以答到关键点。当遇到学生回答模棱两可或者有错误的时候,我们要根据实际情况学会等待,不要急于做出评价。

【案例3】 二年级上册"不同材料的餐具"教学片段

师：刚有小组讲到塑料碗的材料特性是绿色的。有不同意见吗？

生：我们的塑料碗是黄色的。

师：那塑料到底是绿色的还是黄色的？

生（齐说）：绿色。

（教师没有急于评价，走到讲台后面拿出一只橙色的塑料碗。）

师：这只碗是什么颜色？

生（齐说）：橙色的。

师：那塑料是什么颜色？

生：塑料有很多种颜色。

师：其实刚才小朋友讲的都只是碗的颜色，并非塑料的本色。所以绿色算不算塑料的特性？

生（齐说）：不算。

案例中学生把绿色当作塑料的特征，这是错误的。教师没有立即否定，而是借用其他小组的黄色碗，造成学生的认知冲突，又从后备材料中拿出橙色碗，到这时学生终于明白碗有很多种颜色，绿色只是碗的颜色，而非塑料的本色。留给学生思考的时间，学会等待，会收获意想不到的效果。

3. 持续追踪，促进学生思维的发展

低年级学生动手能力偏弱，实验前的指导尤为重要。我们在实践中发现，有效的持续追踪评价有利于促进学生思维的发展，使后续实验开展得更顺畅。

【案例4】 一年级下册"它们去哪里了"教学片段

师：一拿到盐就直接倒进水里，你们觉得合适吗？

生：不合适，要先对盐和水进行观察。

师：观察盐，你们准备怎么观察？

生：用眼睛看，用手摸，用鼻子闻。

师：你真会思考，知道用不同的观察方法进行研究。

生：我们用眼睛看盐的颜色、大小，用鼻子闻它的气味。

师：你还告诉大家具体看什么、闻什么，实验指导真到位。

生：实验材料我们不能用嘴尝，因为我们不知道它会不会对身体有害。

师：确实，实验材料不能随便尝。

生：老师，我还知道你盘子里的勺子是用来兜盐的，竹小棒是用来搅拌的。

师：哇，你太厉害了，老师准备的这些小工具的作用都被你发现了。

生：我们还要一边做实验一边记录。

师：科学家也是这样做的哟。你真棒！

案例中教师对实验前的观察方法的持续评价与反馈，使学生明白在实验时应该从哪些方面进行观察，可以用眼睛看盐的颜色、大小，用鼻子闻盐的气味。对于一些小工具在实验中的作用，学生也在自己的观察和教师的评价中明白：勺子是用来兜盐的，竹棒用于搅拌。同时也了解了实验还需要边观察边记录。这样持续性的跟踪评价与反馈使学生考虑得更全面，更有利于后续实验的有效开展。

三、聚焦正面激励，评价方式多样

1. 评价主体多元

在科学探究过程中，最能观察和了解学生学习情况的是教师，所以课堂即时评价离不开教师评价。同时，课堂是一个师生互动、生生互动、共同发展的过程，所以学生之间的相互评价也是不可缺少的。

【案例5】二年级上册"做一顶帽子"教学片段

师：小朋友们的帽子都设计好了吗？谁先来夸一夸自己设计的帽子

好在哪里?

生：我的帽子可以挡雨，我是用塑料袋做的。

生：我的帽檐比较大，可以防晒。

生：我的帽子下方有皮绳，戴着不容易被风吹走。

……

师：你能夸一夸同伴设计的帽子好在哪里吗?

生：我同桌的帽子可以戴在头上，还能防晒，他的帽子整个脑袋的边缘设计得超大。

生：我的脖子晒伤过。我喜欢忡忡设计的帽子，帽檐四周有布挂下来，这样可以防止我的脖子再次被太阳晒伤。

生：我喜欢西西的帽子，帽筒高高的，里面还能藏些我的小玩具。

……

师：每顶帽子都有自己的特色，每个人都有自己的设计想法，你们太厉害了。用掌声表扬一下自己吧。

案例中教师让学生自夸、互夸以及教师点评，从三个不同评价主体对学生进行多元评价，使即时评价更有实效。

2. 评价形式多样

在低年级科学课堂即时评价中，评价的形式要多样。我们除了利用有声的语言进行即时评价外，还可以利用面部表情或者肢体动作对学生进行评价。点一点头、送一个微笑、竖个大拇指等动作都可以收获意想不到的效果。对于低年级的学生来说，最有效的莫过于表扬和奖励，对于表现好的学生，奖励一张可爱的小贴纸、一粒糖或一种学习用品，很容易调动学生学习的积极性。但是在操作的过程中，表扬和奖励不可过于频繁，用多了对学生的吸引力会下降，我们要把握好"度"。

3. 评价角度多维

科学探究的良好习惯需从低年级开始培养。因此课堂上除了关注学生科学知识的掌握外，还应从学生小组合作的能力、器材整理的能力、实验记录的能力等方面进行多角度评价：以促进学生良好科学习惯的养成。另外低年级学生入学前的受教育情况不同，我们切勿用统一的标准进行评价：对科学学习能力较弱的学生，哪怕是一点小进步，也要及时给予肯定和鼓励；对学习优秀的学生，要求可以稍高一些。总之，我们要更多关注他们在原有基础上的发展。

自科学新课程实施以来，我们从评价语言、评价时机和评价方式三方面切入，尝试在教学中改进教师的课堂即时评价，收获了良好的效果。低年级学生的课堂注意时间相较于以前有明显改善，尽管还有学生上课开小差的情况发生，但是课堂中教师运用丰富的评价语言，使大多数学生能集中注意力坚持到下课。评价时机的合理把握，使得很多教学难点被有效解决。形式多样、正面激励的评价方式使学生学习科学的积极性更浓厚了。作为一线教师，唯有不断改进自己的教学方式，才能更好地适应新课程，实现发展学生科学素养的目标。

▶关注活动后的"活动"[①]

笔者曾参加了一次市级教研活动，对所听 4 节课的课堂教学时间分配按活动前的准备、实验活动、活动后的"活动"三部分统计如下（见表 3-6-1）。

---

① 原文发表于《科学课》2009 年第 5 期，收入本书时内容略有改动。

表 3-6-1　教研活动课堂教学时间分配表

单位：min

课题	活动前的准备	实验活动	活动后的"活动"
"用水测量时间"	26	8	6
"我们的小缆车"	28	10	2
"谁流得更快一些"	35	8	0
"摆的研究"	17	20	3

可以看出，通常老师们比较重视活动前的准备和实验活动两个环节，花费了大量时间。而活动后的"活动"时间就十分有限了，有的课甚至实验活动结束了，下课时间到了，课也就结束了。那么，应该如何认识实验活动后的研讨环节即活动后的"活动"的意义和价值呢？

一、活动后的"活动"，是科学探究活动的有机组成部分

科学探究活动一般包括这些步骤：提出和聚焦问题，做出假设，设计研究方案，以收集和获得证据为目的的观察和实验活动，整理分析数据、得出结论，表达和交流，反思与评价。探究式科学学习应该是一个完整的过程，在此过程中，学生学习进行探究的方法，掌握核心的科学知识和概念，同时发展批判性思维，学会尊重事实和他人，学习合作而主动积极的学习态度等。在探究式科学学习过程中，不同层次的探究活动可以有不同的侧重，但是，对学生探究能力的培养来说，探究过程的各个环节应尽可能完整，根据实际情况，引导学生完成探究的全过程。

活动后的"活动"主要包括整理分析数据，得出结论，表达交流及反思评价。在实验活动之后，可引导学生运用推理的思维来进行数据的显示和分析，对信息进行比对、整理、加工、分析，帮助学生建构新的科学概念；鼓励学生充分表达他们的不同意见和进行争论，最后全班要形成明确的结论，并尽可能用科学语言记录下来；让学生在全体学生面前作尽可能完整的表述，

可以模仿科学家做报告那样，也可以采用多样的适合儿童的表达方式；给学生补充和扩展相关的知识，鼓励提出更多的问题；让学生对探究过程、方法和结果进行反思、评价与改进……。若不重视实验活动后的整理分析数据得出结论、开展表达与交流及反思评估的探究活动，对科学学习来说是十分低效的，也达不到探究式科学教学的目的。

二、活动后的"活动"，是发展儿童科学概念的重要阶段

科学概念是把所感知的自然现象与事物的共同本质特点抽象、概括出来的结果，它是组成科学知识的基本单元，是科学知识结构的基础。科学教学的目标之一就是通过为学生提供一系列活动让他们理解和掌握基本的科学概念。

亲历科学实验活动过程，能让学生收集到大量信息。教师应鼓励学生进行信息的加工，在这个过程中，充满了学生不同的个人概念和认识之间、个人认识与事实证据之间、个人认识与科学概念原理之间的"冲突"和斗争。学生在这样的过程中，进一步暴露和明确了自己的已有概念和认识，感受不同观点和解释之间的一致与差异性，评价、解释、推论假设和证据之间的关系。这一阶段通常包括两个环节：(1) 澄清与交流。学生经由小组讨论、对比、解释彼此的前概念的异同，并与教师的意见交换、沟通，呈现可能的认知冲突，进行概念的同化与顺应。(2) 建构新的想法。依据上述讨论，把信息转化为科学实证，形成新的概念。

在学生内部加工过程结束后，教师应引导学生在小组间或向全班同学表达与交流自己的发现、概括、结论，引导学生组织自己的想法，设法向他人说明，或者设法说服他人。这一阶段包括两个环节：(1) 解释。学生对自己的经验进行抽象化、理论化，使其成为一种可交流的形式。学生往往要通过比较其他可能的解释，特别是那些体现科学性的解释，对自己的解释进行求证、评价与修正。同时，学生还要面对不同的解释结果展开讨论，通过比较各自的结果，检查自己提出的结论是否正确，推理过程是否有缺陷等，以保

证对有关问题的解释达成共识。（2）拓展。在这一环节，学生要扩展自己的概念，使其与其他概念相联系，并运用所建构的新概念解释周围世界或解决新情境问题，从而实现对新概念的验证、应用和巩固。在形成全班共识的过程中，不可避免会出现新的问题，或是提出新的解释，教师要注意肯定学生的各种创造性发现，鼓励对不同的意见进行争论，促使学生的科学概念向更高、更深的层次发展。

三、活动后的"活动"，是学生科学思维积极参与的过程

科学家的许多重要思想常常是在交谈和辩论中产生的，激烈的讨论和辩论会激发新的思维，被称为是科学家灵魂的碰撞。在探究活动之后，让学生自己来分析整理数据，不仅能学会一些科学的统计分析方法，而且从分析的过程中可以反思自己的实验，并相互质疑。反思是一种重要的科学思想，探究结束后，通过观察各组数据的差异，看看自己的研究存在什么问题，有什么值得改正，有什么忽略了，这将有助于学生更周密地考虑自己的研究计划，更规范地操作，有助于培养学生严谨的科学态度。互相评价也有助于学生质疑精神和理性思维的培养，同学之间的评价，需要表达自己对他人某一观点、证据、行为的肯定或异议，并阐明自己的理由。这种评价，不能停留在判断正误的层面，需要学生表达自己的观点，用证据证明自己的观点，以证据让人信服。同时，科学探究让学生带着问题进课堂，更要让他们带着更多的问题出课堂，这样，科学探究才得以不断地延续，让科学活动延伸到学生的生活中去，变成他们生活中重要的一部分。可以看出，整个分析整理数据、表达与交流及反思评价的过程，是学生的科学思维积极参与的过程，有助于学生的思维水平达到一个较高的层次。

按照维果茨基的说法，思维和语言产生于不同的根源。他指出，可能存在没有语言的思维和没有思维的语言，而教育的作用就是把思维和语言联系起来，使它们彼此丰富且结合成为一个整体。在小学科学教学中，培养学生

表达与交流的能力具有特别重要的意义，因为这个年龄阶段是培养儿童语言能力的重要时期。在探究活动后，让学生使用明确的科学语言，描绘他们亲自经历的、丰富而又复杂的科学探究活动过程，既可以有效地培养学生的书写和口头表达能力，又可以促使学生的科学思维得到长足的发展。

关注活动后的"活动"，让科学探究活动更高效。

▶基于素养发展目标的科学探究活动设计[①]
——"观察土壤的成分"教学实录及评析

（上课时，学生小组实验桌上摆放着一盘潮湿的土壤，以及牙签、镊子、放大镜、椭圆形纸片、粗记号笔等材料。）

师：这节课我们的任务是——板书：观察土壤的成分，同学们一起读一读。

生：观察土壤的成分。

师：老师准备了刚从花坛采集来的土壤。请同学们仔细观察，土壤有些什么成分？把你们小组的发现写在椭圆形的纸片上。

（小组观察活动开始。学生将自己的观察发现写在纸片上，然后将纸片贴到黑板上。）

师：内容重复、意思一样的纸片可以叠贴在一起。

（黑板上的纸片呈现的发现有：小石子、沙子、枯枝烂叶、树根、蜗牛壳、水分等。）

【评析】把各小组的纸片贴到黑板上，这是交流；把内容相同、相似的

[①] 本课由邵锋星老师执教，浙江省教育厅教研室原小学科学教研员章鼎儿老师点评。

纸片叠贴在一起，这是整理。课堂从一个几分钟的观察、交流、整理活动开始，是一个很不错的导入活动。

师：还有没有不同的发现？

（有学生上来将写有"松软"的纸片贴在黑板上。）

师：老师没明白"松软"是什么意思，请你解释一下。

生：我们用镊子把土夹起来，感觉松松的，很软。

师：松软是不是土壤的成分？

生：不是。

【评析】这个小组的学生停留在土壤的一般观察活动水平上。他们观察的是土壤的一般特点，观察发现土壤"松软"特点的同时，肯定还发现土壤是黑乎乎的、潮湿的等等。今天的土壤观察有特定的主题——观察土壤的"成分"。老师发现了这个组的问题，及时并妥帖地做了处理。

师：会思考。我们刚才观察的这份土壤是潮湿的，所以松软。是不是感觉松软、黏成一团，有点看不清楚？如果想要获得更多发现，获得更多信息，同学们有更好的观察方法吗？

【评析】指向科学研究方法层面的指导。

生：用放大镜观察。

【评析】放大镜是学生常用的观察工具，这是针对"看不清楚"的解决方法。

生：在观察物体里有没有淀粉时我们用滴碘酒的办法，在土壤中放某样物品，如果能起反应，那么土壤中就可能含有某种成分。

【评析】检测淀粉的方法在此处得到迁移，蕴含着向土壤酸碱度检测的方向发展的内容。

师：看看会不会起反应。还有其他的方法来观察吗？

生：把它晒干了以后再观察。

【评析】这是针对"潮湿""黏成一团""看不清楚"的解决方法。

3 科学探究怎样教

（实物投影出示晒干碾碎的土壤和晒干的土块，并板书：晒干。）

师：还有其他方法吗？

生：我觉得可以把这些土壤放到水里用沉淀的方法来观察。

师：你怎么会有这样的想法？

生：因为我觉得沙沉淀得比较慢，有些东西会沉淀得比较快，然后我们就可以看得比较清楚土壤里有什么东西。

【评析】这也是针对"看不清楚"的解决方法。看不清楚的原因是"黏成一团"。加水，不同物质沉淀的速度不同，"沙"与"有些东西"就分离了。这一方法是在解决具体问题的过程中想出来的，不是凭空想出来的。

师：谁把他的方法再说一遍？

生：可以加水，土壤里的不同成分沉淀下降的速度是不同的。

【评析】通过这一活动，发现不止一人知道这一点。

师：就是把土壤放入水中搅拌，然后放在边上，过一段时间等它——刚才有小朋友说了，是怎么样下来？（教师演示往装水的杯子中倒入土壤、搅拌，然后静置在一边。）

生（齐答）：沉淀。（师板书：沉淀）

【评析】至此，学生提出 5 种不同的观察方法：用放大镜、用特征化学反应、晒干、碾碎、放在水中沉淀。

师：还有其他观察的方法吗？（拿出两个小筛子）老师带来这两个东西，有同学认识是什么吗？

生：过滤网。

师：过滤网是正确的叫法，有时还把它叫作筛网。（板书：筛网）筛网有什么作用？

【评析】筛子名称的问题，意义不大，告诉学生每个小组会有两个筛子就行了。板书倒是有用的，学生的记录与交流都会用上"筛"字。另外，说筛子是过滤网，不值得肯定。可以这样回应学生：你的意思是可以当过滤网用吧。

· 153 ·

生：把一些东西放在上面，它就可以把一些细小的物质过滤出来。

【评析】过滤网的名称隐含着"过滤出来"的说法。需要给学生提供筛子、筛选、筛分、分离这样的词。

师：颗粒比较细小的是在上面还是在下面？

生：下面。

师：颗粒大的在哪？颗粒细的在哪？

生（齐答）：上面，细的在下面。

师：如果把这两个网孔不一样大小的筛子叠起来使用，哪个筛子放上面？

生：孔大的放在上面，小的放在下面。

师：（演示怎么筛）均匀地筛一筛，不要筛在桌子上，老师给每个小组准备了一个纸盘，要筛在纸盘里。各小组长领取一份实验材料，先看一看记录单，再开始我们的实验。

（小组长领取晒干的土壤、筛子、一杯清水、一杯经过搅拌沉淀的土壤、记录单等活动材料后，各小组的土壤观察活动开始了。）

【评析】观察晒干的土壤，用筛子筛分粗细不同的颗粒，观察发现土壤中的空气，观察在水中搅拌沉淀后的土壤，把这一系列活动整合在一起，作为本课的主要活动，这样的设计处理是十分有意义的。

（分组活动的时间约16分钟。）

师：好，停！同学们都非常认真，先把笔放下。现在我们要交流我们在观察和实验过程中的新发现。把你的记录单一并拿上来和大家交流。

生：（拿着记录单上讲台）把土块放入水中发现有气泡冒出来，这说明土壤中有空气。

师：同意他的观点吗？还有没有补充？

生：我们把土块放进去发现有少量的气泡，我们把杯子摇了摇，就有很多的气泡冒了上来。

师：总而言之，说明土壤中有什么？

生（齐答）：空气。（师板书：空气）

师：刚才有同学观察到土壤中有水分。土壤中有水分有空气，让我们想起土壤中生长着各种各样的——

生：植物。

师：水分和空气是植物生长的两个必不可少的条件。继续往下交流，你们把土壤颗粒分成几类？

生：（将记录单放于实物投影上）我们把它分成三类。第一类就是在孔最大的筛子上面的，它的大小是1厘米左右。

师：有不同的意见吗？

生：1厘米到2厘米之间。

师：其他同学呢？

生：我们是5毫米。

生：我们小组是8毫米左右。

师：5毫米、8毫米、1厘米……都有，土壤中这类最大的颗粒，叫什么名字？

【评析】此处若问"是什么东西"比"叫什么名字"好。

生：小石子、小石块。

师：我们前面已经发现了，这就是土壤中的小石子。（整理学生写的"小石子"纸片）请继续与大家交流。

生：我发现中间的一层是筛子筛出来的较细的那一类，是0.1厘米左右。

师：用毫米说是多少？

生：1毫米。

师：其他小组测量的是多少？

生：我们的是0.5毫米到1毫米之间。

师：这一类叫什么？

生：小沙粒。

师：我们学校有没有沙坑？它就是沙坑里的沙子，颗粒大约在 1 毫米。（整理学生写的"沙子"纸片）还有颗粒最小的一类呢？

生：最细最小的一类是被两个筛网筛过的，我想它是 0.0001 厘米，非常小，量不出来。

师：你这个 0.0001 厘米是怎么来的？

生：我是估计的。

师：你们认为是多少呢？

生：我量了一下，觉得它比 1 毫米小，差不多在二十分之一到五分之一毫米之间。

师：你这个二十分之一到五分之一毫米应该也是——

生：大约的，估计的。

师：总之它的颗粒非常非常小，知道它叫什么吗？给它取个名称。

生：细沙。

生：我觉得它应该叫粉沙。它特别细小，像粉一样。

生：细沙，很细，用尺子也量不出来。

【评析】从小石子、沙子到这里的黏土，老师的问题都是关于物质的名字，然后让学生给它取名。建议把问题更换成："知道它们是什么吗？"

知道它叫什么吗？在这个问题的刺激下，学生的反应往往是想名字，常常想不出来，接着取一个名字——细沙、粉沙。

知道它们是什么吗？在这个问题的刺激下，学生的反应会是进一步追根究底，去看、去观察、去研究。还可能引发学生反思：刚才怎么没想到搞清楚是什么呢？这可是对观察、对探究产生深刻影响的问题啊。

说到底，土壤成分的观察，回答的也正是这个问题。

师：科学家给它取了个名称，叫黏土。（板书：黏土）请大家在记录单上补充上去。

师：（幻灯片出示显微镜下的黏土颗粒图片）我们一起来看看显微镜下

的黏土，10微米表示1毫米的一百分之一。谁再来说说你发现的沉积状况？还没发言的小朋友来说说。

生：（拿着记录单上讲台）我发现最下面的是颗粒最大的，第二层是中等颗粒的，上面是最小的。

【评析】开始讨论水杯中搅拌沉淀后的土壤了。

师：对她的发言有补充的请举手。

生：我们发现水上面还有些枯枝烂叶。

生：我们发现中间还有些小石子。

师：我想请大家思考一下，这些大颗粒、中颗粒、小颗粒与刚才我们用筛子分离的颗粒有联系吗？刚才我们已经说过它们的名字了吧。

生：最下面的是小石子，中间的是小沙粒，上面的是黏土。

【评析】用筛子把晒干的土壤分离成小石子、沙子、黏土三堆，用水把潮湿的土壤分离成小石子、沙子、黏土三层。现在，把两个观察活动所获得的信息联系起来了。老师没有把土壤成分的认识作为唯一的学习目标。

师：你们还有不同的发现吗？

生：水当中还有些漂浮不定的东西。

师：你的意思是说水有点浑，为什么水会有点浑？

生：特别细微的黏土，还浮在水里，所以水看上去有点浑。

【评析】学生说的是悬浮在水中的黏土颗粒，他的观察与思维的品质令人欣喜。

师：（出示过滤过的土壤浸泡液）我把这个水过滤两次，过滤出来的水清不清澈？

生：很清澈。

师：这里还有杯蒸馏水，老师用蒸馏水浸泡土壤，搅拌沉淀一段时间之后，再过滤两次，得到这杯土壤浸泡液。它和蒸馏水一样吗？

生：不一样，但差不多。

生：蒸馏水看起来很清澈，另一杯水有点黑。

生：我觉得它们是一样的，过滤两次后黏土都过滤掉了。

生：土壤中的一些矿物质在浸泡土壤的时候已经溶解在蒸馏水中了，所以在过滤的时候过滤不出来。这两杯水看上去一样，其实含的东西是不一样的。

【评析】这是本节课参与人数最多的一次学生之间的讨论，共有4人。第一个学生说不一样，但差不多。第二个学生以具体的一杯水有点黑，但都很清澈来支持。第三个学生提出不同观点，认为是一样的，而且以过滤了两次作为依据。第四个学生则从矿物质与溶解的角度提出新的说法：看上去一样，其实是不一样的。我想评说的是：学生与学生之间的讨论是可行的、有效的、有意义的。

师：黏土没有溶解在水中，能过滤出来，溶解在水中的物质能过滤出来吗？那到底一样还是不一样，有什么方法来研究？

生：放在太阳下暴晒。

（评析：可以追问暴晒的目的，让思维聚焦到"蒸发"上去。）

师：实验室里怎么做呢？

生：放在酒精灯上烧。

师：我从蒸馏水中取一滴水，滴在一块玻璃片上，放在酒精灯上加热。（教师演示实验）然后呢？

生：再从浸泡过土壤的液体里取一滴滴在玻璃片上，也放在酒精灯上加热。

师：猜猜看会有什么结果。

生：我认为会有黏土留在玻璃片上。

生：黏土已经被过滤出来了，留在这水中的是溶解了的物质。

【评析】这又是一次生生之间的讨论。两个学生都认定会有物质留在玻璃片上。思维粗线条一些的，可能因为黏土多而细小，推测会有黏土留在玻璃片上，但他会接受同学"黏土已经被过滤出来了"的说法。

师：你估计会有什么？

生：会有一些细小的颗粒。

师：还有什么补充？

生：我认为玻璃片上会比较浑。

【评析】他的意思是会有痕迹吧。

师：（将两块玻璃片放在实物展示台，让学生观察）看看两块玻璃片有什么不同，留下了什么。

生：白色结晶物。

生：白色的痕迹。

师：你知道这是什么吗？

生：我觉得可能是矿物质。

师：是溶解在水中的盐分，是一种矿物质。（板书：盐分 矿物质）

师：刚才我们用的是什么方法？

生：蒸发。（师板书：蒸发）

师：沉淀得到的这杯土壤，我们还有哪一部分没有研究？

生：上面部分。

师：上面部分是什么？

生：枯枝烂叶。

师：枯枝烂叶是不是土壤的成分？

生：我觉得不是，它没有烂掉，不是土壤的成分。

【评析】枯枝烂叶不作为土壤的成分，回应了课开始时的"枯枝烂叶、树根、蜗牛壳"等观察发现。

师：没有腐烂不是土壤的成分，很正确。要是时间很长了腐烂之后会变成什么呢？

生：腐烂了之后会变成腐殖质。

师：他说了一个词我没听明白，谁来重复一次？

生：腐殖质。

师：你是怎么知道腐殖质的？

生：书上看来的。

【评析】教科书也有相关介绍。

师：我们一起把这个词再说一遍。

生：腐殖质。（师板书：腐殖质）

师：想不想观察腐殖质？（出示观察腐殖质方法的幻灯片"烧一烧，闻一闻"）把土壤放在火上烧一烧，再闻一闻，看看有什么发现。我们抽时间再到实验室里做这个实验。

师：今天我们观察研究了土壤的成分。哪个同学来说说土壤中有哪些成分？

生：枯枝烂叶，小沙粒，小石子，水分，腐殖质。

【评析】这是观察一堆土壤的发现，与观察土壤成分的发现是有差别的。

师：还有什么呢？

生：还有空气。

师：谁能完整地说一说？

生：土壤中有空气、水分、盐分、黏土、小沙粒、小石子、腐殖质等。

师：今天我们是用什么样的方法来获得这么多的发现的？

生：我们是用晒干、沉淀，再用筛网过滤，以及用酒精灯来烧等方法获得的。

师：多种观察方法，使得我们有更多的发现。下课。

总评

本课大体上由活动A、活动B、交流研讨三个部分组成。

活动A"观察花坛里的潮湿土壤"是本课的导入活动。这是一个充分展现学生已有观察水平的活动。面对一堆花坛里的潮湿土壤，学生观察发现了小石子、沙子、枯枝烂叶、树根、蜗牛壳、水分等内容，可谓发现丰富，同时也问题多多。这正是五年级学生观察土壤成分的起点水平。短短的几分钟，课的主要准备与铺垫完成了——课的关键问题已经生成：

1. 这些都是土壤的成分吗？土壤成分是什么意思呢？

2. 土壤成分就这些吗？有搞不清楚的吗？那黏糊糊的东西是什么呢？还会有什么遗漏吗？

老师让学生思考"松软"是不是土壤成分，这正是生成的第一个问题。

老师接着提出黏成一团看不清楚用什么方法获得更多信息的问题，显然把活动重点放在生成的第二个问题上了。

于是，活动 B 开始了——观察晒干的土壤，用筛子筛分粗细不同的颗粒，观察发现土壤中的空气，观察在水中搅拌沉淀后的土壤等活动。在活动 B 中，学生获得了远比活动 A 多的信息，并在交流研讨过程中完成了土壤成分的发现与认识。

分析活动 A 与活动 B 所形成的活动结构，我们可以发现如下的意义：

1. 在这两个活动中，学生观察、发现、认识了土壤的成分。

2. 活动 A：面对花坛里挖来的一堆湿土，认真观察、仔细观察，可以获得许多信息，但还不能解决土壤成分的问题。活动 B：把土壤晒干了、碾碎了、搅拌了、沉淀了、分离了、测量了、溶解了、蒸发了、燃烧了……，再进行交流、研讨、辨析、整理，最后基本搞清楚了土壤的成分组成。这样的两个活动结合在一起，给学生的教学影响就不只是土壤成分的认识，在如何获取更多的信息、怎样观察辨析土壤成分、如何观察认识事物，以及想方设法、追根究底等态度方面，都生发出十分积极的意义。

这是本课教学设计中值得关注的第一个特色：从习惯性地注重某一个知识概念目标的教学设计走向多维度科学素养目标的教学设计，切切实实地跨出了一大步。

值得关注的第二个特色是活动 B 的设计。活动 B 是这节课的主要活动，由几个小活动整合而成。

经常会看到这样的观察土壤成分的课：用几分钟时间观察晒干的土壤，讨论交流一下；再用几分钟时间观察发现土壤里有空气；再用几分钟时间……。换句话说，好多老师习惯于把观察土壤的活动分割成一个个小活动。道理也是有的：请学生把土块放到水里，观察气泡，然后交流、讨论，认定土壤中有空气。就认识土壤成分的目标而言，会是十分顺利与有效的。

活动 B 的设计路子恰好相反，把干土的观察、碾碎、筛分，观察土块里冒出的气泡，观察搅拌、沉淀分层后的土壤等活动整合成一个大的活动进行。这样的安排有什么意义呢？意义就在活动 B 的比较大的自主活动空间与比较长的自主活动时间里。意义就在这样的活动中学生将碰到一系列问题与问题的解决过程。哪怕是先做什么、再做什么、最后做什么这样简单的顺序问题，同样要涉及观察、比较、思考、讨论、决策、分工、合作等过程；更不用说筛分后的干土的观察，水杯中搅拌分层沉淀后的土壤观察，以及这两组信息之间的比较、联系、综合这样的思维活动过程了。

活动 A 的设计、活动 B 的设计、活动 A 与 B 的结构设计反映出前沿的科学老师们正在走向高品质科学探究的努力。可以毫无疑问地断言，科学素养目标将在这样的科学活动过程中达成。

▶指向直接经验的观察活动创新设计[①]
——以"食物在体内的旅行"为例

教材分析

本节课的主要学习目标是研究、学习人的消化系统。按《现代汉语词典》的解释,消化系统的主要功能是消化食物和吸收养料。

如果以"运动起来会怎样"作为本单元学习的驱动性问题,"食物在体内的旅行"是在回答"运动需要消耗能量,而能量从哪里来呢?"这一问题。本节课和下一节课"口腔里的变化"都在表现一种人体结构之间的相互依存关系,帮助学生在认识上建立联系。

消化器官作为消化吸收食物中营养成分的重要器官,应该得到学生的重视。在对消化器官的学习中,教师应该将学生引导到认识各器官的结构特点与其功能是相适应的道路上。

学生通过认识各消化器官的功能,可以初步了解:身体内部有一整套的器官来分解食物;不同的消化器官形态不同,作用也不同;食物进入人体以后是在一整套消化器官的作用下才被吸收利用的。

设计理念

本节课的教学设计主要采用了培养学生实证意识的科学教学理念。由于人的消化器官不便于观察研究,本节课选取与人的消化器官类似的猪的消化器官来观察。通过观察猪的消化器官,学生可以获得直接观察的经验,进而将知识迁移到人的消化器官上来。

[①] 本课由浙江省杭州江南实验学校科学教师、"邵锋星名师工作室"骨干教师杨文老师执教,邵锋星老师指导、点评。

学习目标

1. 了解人体的消化器官有口腔、食管、胃、小肠和大肠，每个器官都有各自的功能。食物在人体内将会按顺序进入这些消化器官，被消化吸收。

2. 通过观察猪的消化器官研究人的消化器官，了解消化器官的形状特征和功能，并理解它们之间是相互适应的。

3. 愿意在独立思考的基础上，与他人分享研究结果，合作交流。

学习重难点

重点：了解食物在人体内的消化过程。

难点：了解消化器官的特点和功能。

教学准备

绘有消化器官的衣服、猪食道、猪肚、猪小肠、猪大肠、手套、镊子、放大镜、软尺等。

课前活动：吃蛋糕

师：同学们好，现在是吃点心时间。老师为每位同学准备了一小块蛋糕，让我们补充能量，更好地上课。

（学生吃蛋糕。）

【评析】引出问题，食物去哪里了？聚焦探究主题。

教学活动一：消化器官的名称和排列顺序

师：刚才我们吃的食物，都有哪些消化器官参与了消化与吸收呢？

生：有胃、大肠……

生：小肠、食道……

师：科学家在进行科学研究时首先都会大胆猜测，请同学们把自己的想法在"学习单"（见图3-8-1）上面写一写或画一画。

【评析】暴露学生关于消化器官的前概念。

师：想知道到底有哪些消化器官以及它们是怎么排列的吗？科学研究都需要有献身精神，今天，老师把"自己的"消化器官"拿"出来给大家看看。

（教师脱下外套，展示里面的T恤衫，见图3-8-2。）

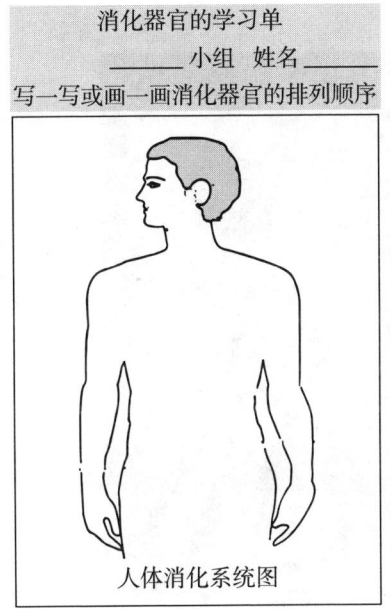

图3-8-1　消化器官的学习单　　图3-8-2　教师展示印有身体消化器官的T恤衫

师：请感兴趣的同学上来摸一摸，按顺序说一说消化器官的名称。

（学生按顺序摸一摸，并说一说消化器官的名称，教师整理好黑板上消化器官名称的正确排序。）

师：对于这些消化器官，同学们想研究哪些问题？

生：它们长什么样子？

生：它们是怎么工作的？

【评析】用学生特别感兴趣的方式学习消化器官的名称和正确的排列顺序。同时，为本课的主要活动——研究消化器官的特点和功能做好铺垫和准备。

教学活动二：探究消化器官的特点和功能

师：同学们，我们不能直接观察人的消化器官，今天我们观察和研究跟人的消化器官相似的猪的消化器官（见图3-8-3）。

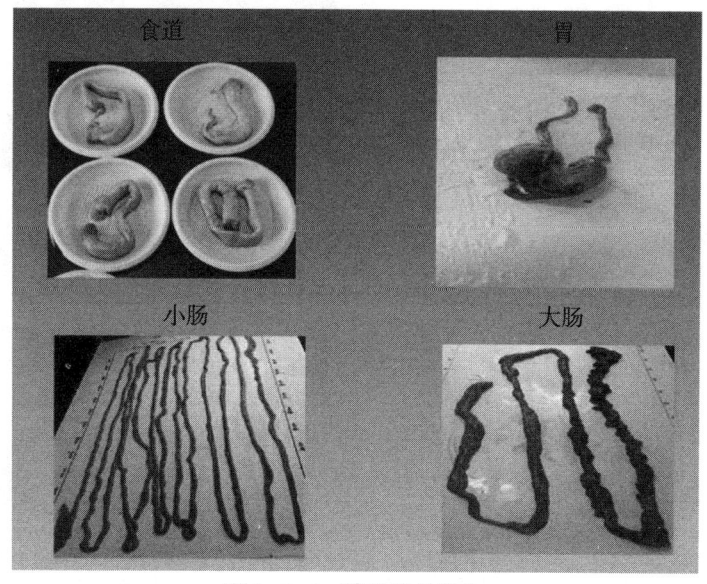

图 3-8-3　猪的消化器官

师：我们可以用哪些方法来研究这些消化器官呢？

生：可以摸一摸、扯一扯。

生：可以用剪刀剪开来观察里面是什么样的。

生：可以量一量大小、长度。

……

（教师及时板书观察的方法。）

师：现在，我们就用这些方法进行观察研究。

（教师把猪的食道、胃、小肠、大肠展示在教室，并为学生提供口罩、手套、剪刀、镊子等工具。学生进入观察研究活动。）

【评析】20分钟的观察研究活动，让学生成为探究的主人、课堂的主人。用与人的消化器官相似的猪的食道、胃、小肠、大肠进行研究，意义在于让学生亲历研究真实消化器官的探究活动，获得更丰富的科学观察的直接经验。

教学活动三：交流研讨

师：同学们都完成研究了，从开始的紧张到能够用手直接去触摸、观察，最后不愿意停下来还想继续研究。为你们的探究精神点赞！下面让我们交流一下大家的发现。

生：食道是用来输送食物的，它的里面比较光滑，有利于食物的输送。

生：小肠有5—6米长，里面有绒毛。小肠是食物消化和营养吸收的主要器官。

生：小肠里面有黄黄的东西。

生：大肠有很多皱褶，长度大约1.5米。

生：胃的形状像个袋子，有很多层。它的功能是储存食物，并把食物磨烂变成食糜。

……

（教师边听学生交流边板书。）

师：消化器官的不同特点和它的功能有联系吗？

生：食道是用来输送食物的，所以它的内壁很光滑；胃有好几层，才能把食物磨烂；小肠很长，能充分吸收营养；大肠储存大便，一般一天一次大便，不能像小肠那么长，也不能太短，长短要合适。

师：同学们，我们可以用这种观察方法去研究更多感兴趣的问题。

【评析】通过交流研讨，达成了对消化器官结构和功能以及它们相互之间联系的认识。

总评

这节课为学生提供了完整的猪大肠、小肠、胃,还有4条食道,让学生研究与人的消化器官相似的猪的消化器官。学生在课堂上兴趣浓厚,经历了一次"像科学家一样的"真实的科学探究活动。

传统教学中,这节课的设计基本是以模拟实验为主,再通过补充观看图片或者视频来了解、认识人的消化器官。本课提供了一种与众不同的创新思路,利用和人相似的哺乳动物猪的消化器官来研究,让学生通过观察活动获得更为丰富的直接经验。学生在鲜活的猪的消化器官面前,亲历真实的探究活动,寻找消化器官功能与结构相适应的证据,更加令人信服,激发了学生对科学探究的兴趣,并有效发展了他们的科学探索精神和实证精神。

4 跨学科科学教学怎样做

- ▶ 让每一名儿童在科学课中经历 STEM 教育实践
- ▶ 工程设计：小学科学 STEM 拓展课程的设计与实施
- ▶ 基于 STEM 理念设计单元复习课——以"能量"单元为例
- ▶ 基于 UbD 理论的 STEM 课程"三段式"设计——以"超级造船师"项目为例
- ▶ "家·校·社"三位一体：提升小学生科学素养的拓展性主题活动的设计与实施

跨学科科学教学旨在解决如何在真实情境中实现科学学科与其他学科关联与互动的问题。在小学科学教学中，可以项目化学习、STEM 教育实践为主要载体，聚焦科学学科关键概念和能力，进行学科与学科、学科与生活、学科与社会的跨学科联系和拓展教学。

跨学科科学教学强调的是学科核心知识在情境中的深度建构与迁移运用，致力于培养学生在真实情境中综合多学科知识，创造性地解决复杂问题的能力。基于此，本章和大家共同探讨如下观点：

1. 小学科学课程的学习内容中有着丰富的 STEM 教育资源。可以让 STEM 教育有效融入小学科学课程的教学中，使科学探究发展成为一种融合了社会、认知和行为多个维度的实践活动。

2. 突出项目化学习、STEM 教育理念，尝试运用科学、数学、工程、技术等学科知识解决真实情境中的问题，进而实现学生对学科核心概念的深层次理解，并发展创造性解决问题的能力。

3. "家·校·社"三位一体，以科学普及站、探十二科技站、科学特色站等社区科学学习场域为载体，跨学科整合知识，设计和实施丰富的拓展性主题活动，丰富学生的科学学习，发展学生的探究实践能力，有效提升学生的科学素养。

▶让每一名儿童在科学课中经历 STEM 教育实践[①]

《义务教育小学科学课程标准》提出，小学科学课程的学习方式是多样的，倡导以探究式学习为主的多样化的学习方式，倡导跨学科学习方式，推进 STEM 教育，并应用 STEM 教育理念进行教学实践。

在 STEM 教育理念深入人心和 STEM 教育快速发展的今天，依然存在对 STEM 教育认识窄化、泛化以及实施过程中流于形式等问题。事实上，在 STEM 教育的发源地美国，STEM 教育的推进也是先从科学、数学等学科开始，以学科课程标准为引导，在各自独立的学科中引入项目化学习、设计学习等 STEM 学习的特征；待教师和学生对 STEM 有更深理解后，再推行要求更高的整合的 STEM 教育。由此可见，探索在我国小学科学教学中推进 STEM 实践，无论是对于推进 STEM 教育本身，还是对于促进小学科学课程的教学改革，都具有十分重要的现实意义。

一、基于儿童视角设计 STEM 实践项目

2017 年教育部颁布的《义务教育小学科学课程标准》中增加了"技术与工程"领域的学习内容，目的是使学生有机会综合所学的各方面知识，体验科学技术对个人生活和社会发展的影响，并通过技术与工程的实践活动，体会"做"的成功和乐趣，养成通过"动手做"解决问题的习惯。按照课程标准要求，小学《科学》教材中适当安排了"建高塔""做一个热水器"等技术与工程类项目，让学生针对具体任务，利用文字和图案，表达自己的创意与构想，并将自己的创意转化为模型或实物。

对于"物质科学""生命科学"以及"地球与宇宙科学"领域的学习内

---

① 原文发表于《人民教育》2019 年第 8 期，收入本书时内容有改动。

容，教材一般以科学概念作为主线，决定教材的框架和结构，并选择确定教材内容。虽然科学概念和科学探究双螺旋协同发展的思想模型能够更加合理地搭建教材的整体框架并体现科学教育的深刻内涵，但在课程具体的设计和教学时，依然面临许多实际困难。

以"沉和浮"单元为例，长期以来，关于这个单元的教学存在着"密度"路线、"质量"路线、"浮力"路线之争。因为小学生不能同时理解两个变量（重量和体积）共同变化会发生什么，所以"质量"路线不会收到好的效果；小学生还没有建立物质的概念，因此"密度"路线的教学也会存在问题；由于小学生还没有二力平衡的概念，因此用力的分析方法解释物体在水中的下沉和上浮也不符合小学生的认知水平。

我们尝试以"做一艘小船"STEM项目整合"沉和浮"单元主要教学内容，该项目的学习实践活动设计见表4-1-1。

表4-1-1 "做一艘小船"STEM项目实践活动安排

课时	实践活动内容
第1课时	教师展示各种船的模型和图片，学生观察船的材料、形状
第2课时	用易浮的材料做一艘小船
第3课时	用易沉的材料做一艘小船
第4课时	比较大小不同船只的载重量
第5课时	改进自己的小船
第6课时	小船在不同的液体中行驶

上述STEM项目实践活动，基于儿童的视角，从学科知识角度分析儿童已经具备和尚未具备的概念基础，确定概念发展的水平和方向，进而设计适合儿童发展的环环相扣的STEM项目活动，让他们在现实挑战中发现知识、学习知识、运用知识。

小学科学课程的学习内容中有着十分丰富的STEM教育资源，需要我们针对不同年龄阶段儿童的学习需求来设计STEM项目。例如，整合"声音"

单元学习内容设计"制作小乐器"STEM 项目,结合"形状与结构"单元学习内容设计"造一座桥""飞船着陆器"等 STEM 项目。让 STEM 项目有效融合在小学科学课程的教学中,使科学探究发展成为一种融合了社会、认知和行为多个维度的实践活动。

二、在 STEM 项目实践中发展思维和深度学习

STEM 教育强调融入生活,从学生身边的现象出发,建立教育与生活之间的有机联系。在 STEM 项目实践活动中,整个学习过程是从真实生活中的挑战出发的,以真实的问题情境激发学生的学习动机。因此,需要在任务呈现环节进行适当的情境创设,提升问题的真实性,以激发学生的挑战热情。

产品设计是 STEM 项目实践活动中的重要环节。学生围绕项目主题进行积极讨论,发散思维,从不同角度深入分析和探索,设计产品方案。以"造一座桥"为例,设计方案一般经过以下环节:(1)确定桥的结构。通过原型展示,学生已经对桥的相关信息有了很多了解,他们协商在河面上建造一座怎样结构的桥更适宜。有的组决定造两个桥墩或四个桥墩的梁桥,有的组决定造一座拱桥,有的组则想建拉索桥。(2)选材,做好经费预算。项目活动需要做好经费预算,不能超过预期费用,要选用环保、经济的材料建造最好的产品。(3)人员分工。组内成员分工合作,共同解决问题,制作产品。(4)画设计图。设计图要力求细致、精确,包括桥的宽度、长度,桥梁的厚度,桥拱或斜杆的跨度,以及不同部位的材料要求等,都要有明确的要求,形成图文结合的设计方案。设计方案的过程让学生体会到现实生活解决问题需要考虑多方面因素,让学生从不同的角度去理解问题以及运用多种学科知识设计方案,提出不同的解决方案,开拓学生的思维,提升创新意识。

学生对产品制作是最感兴趣的。在制作阶段,需要为学生提供丰富的资源与工具,供学生选择和使用。小学生在制作过程中容易偏离设计方案,小组中强势的学生常常包揽整个制作活动。我们要通过指导让每一名学生都参

与到制作活动中，按设计方案进行产品制作。制作并不是一件容易的事，学生会遇到一系列困难。学生要在具体的操作过程中，不断地发现问题和解决问题，最终将设计转化为产品。

在产品测试的过程中，学生发现产品的优点与不足，学会与他人交流分享自己的学习成果，学会倾听他人的意见和建议，同时进一步加深对相关学科知识的理解与掌握。仍以"造一座桥"为例，在产品测试过程中，学生对桥墩的宽度、桥梁的厚度、桥拱或斜杠的跨度与桥面承重力之间的关系进行了深入的探究，收集了丰富的数据，在此基础上进行交流研讨，对"不同的形状与结构有不同的特点，改变形状与结构可以改变承重力"的科学概念有了深刻的理解，学生在STEM项目实践中的思维发展和深度学习得以实现。

STEM项目的实践过程并不是一蹴而就的，而是通过不断的循环迭代得以实现的。学生的调查、设计、制作、测试等环节都是循环往复的迭代过程，需要通过多次的尝试和修改。通过不断的循环迭代，不仅使方案和作品更加科学化、精细化，而且让学生充分体会到STEM项目实践过程的严谨性和创造性。

三、以双量表评价提升项目实践效益

为了有效提升STEM项目的实践效益，教师一方面要帮助学生建构用于衡量产品达成度的评价量表，并引导学生在量表支持下开展项目实践活动，从而促进学生学科内及学科间的知识建构；另一方面还要利用学生实践参与度评价量表，衡量学生在项目实践中的参与状况以及在团队中的表现。

在STEM项目实践过程中，需要把任务转化为具有明确要求的达成标准。学生通过不断解决标准所指的若干难题，最终以完整的产品来评价自己对STEM所涉及的各个领域的知识掌握与应用情况。为了让学生在设计与制作过程中发挥自主性和创造性，一般来说，可以引导学生思考产品在结构、功能、成本、工艺、创新等方面的达成情况，于是便形成了产品达成度的评估指标——产品达成度量表（见表4-1-2）。

表 4-1-2 "造一座桥"产品达成度量表

要素	A 级水平	B 级水平	C 级水平
产品结构	使用多种结构来增强桥面的承重力	使用一种结构来增强桥面的承重力	结构设计不能提升桥面的承重力
产品功能	桥面有较强的承重力	桥面有一定承重力	桥面承重力差
产品成本	成本节约	考虑了节约成本	成本较为浪费
产品工艺	制作工艺良好，产品美观	考虑了美观设计，制作水平一般	制作较粗糙，不美观
产品创新	有较强的创新性	有一定创新性	没有创新性

所谓实践参与度量表，是指衡量学生个体及其团队在参与 STEM 项目实践时的参与深度和参与广度的量表。比如，学生在方案设计、产品制作、展示等环节分别需要达到怎样的要求，他们在项目实践中的分工合作、个人贡献应该具有何种表现等。

如前所述的产品达成度量表，更多的是针对产品本身的结果性评估。由于产品的个体独特性，不同项目中的产品达成度量表有较大差异，需要一项目一设计。而实践参与度量表则是对学生参与 STEM 项目实践各环节的过程性评估，考虑到项目实践过程的共通性，因此参与度量表的差异并不显著，甚至在一定程度上能实现通用。比如，可以为"做一艘小船""造一座桥""建高塔"等案例设计如下的实践参与度量表（见表 4-1-3）。

表 4-1-3 "做一艘小船""造一座桥""建高塔" STEM 项目实践参与度量表

要素	A 级水平	B 级水平	C 级水平
方案设计	有细致的设计图和合理的说明	有设计草图，有简单的说明	有设计草图，无说明
产品制作	实物产品与设计方案十分吻合	实物产品与设计方案基本吻合	实物产品和设计方案明显不吻合，或没有完成

续表

要素	A级水平	B级水平	C级水平
修正完善	根据检测结果对方案或产品做出修正	对产品进行较细致的检查或测试	没有对产品进行检查或测试
展示交流	能清晰地描述作品以及实施过程,并做出反思	能较清晰地描述作品以及实施过程	对作品以及实施过程的描述混乱,缺乏逻辑
分工合作	每个成员都有任务,并有组织地执行	有基本的分工,但有成员没有承担任务	没有分工,成员不清楚自己要做的事情
个人贡献	每个成员都贡献了自己的想法和行动	大部分成员贡献了自己的想法和行动	大部分成员没有贡献自己的想法和行动

分析实践参与度量表可以发现,它涉及方案设计、产品制作、修正完善、展示交流等要素,主要考查学生在项目实践每个环节中的参与深度,以帮助学生深入体验 STEM 实践过程。而涉及分工合作、个人贡献等方面的要素,主要考量学生在项目实践中的参与广度,以帮助学生认识并提升其在团队中的社会价值。

总之,无论是小学科学课程的教学改革,还是 STEM 教育的实践,我们的探索都属于刚刚起步。需要广大教师结合不同地域及自身的实际情况,深入开展相关研究和实践,不断促进学生科学素养、创新精神和实践能力的提高。

▶工程设计：小学科学 STEM 拓展课程的设计与实施[①]

STEM 是科学、技术、工程和数学四个英文单词首字母的组合。STEM 的核心理念是让学生在真实情境中，融合多学科知识，为解决问题而学习。它的提出缘于应对学科割裂所造成的无法创造性解决真实而复杂的科学技术问题，在新硬件时代难以设计出高品质产品的现状，以及出于培养学习者设计未来的能力、提升国家经济竞争力的需要。

STEM 的特征指向了其是以工程设计为主线的项目化学习。工程设计往往聚焦于解决一个由困难、需要或期望所引发的问题。学生的主要任务是明确一个成功的方案，并在理解科学概念的基础上，实现对概念的利用，形成产品，解决遇到的问题。一个好的产品，能解决许多人的现实需求，也意味着更大的经济价值。学生必须经历工程的迭代设计来创造更符合需要的产品。工程设计活动流程图如图 4-2-1 所示。

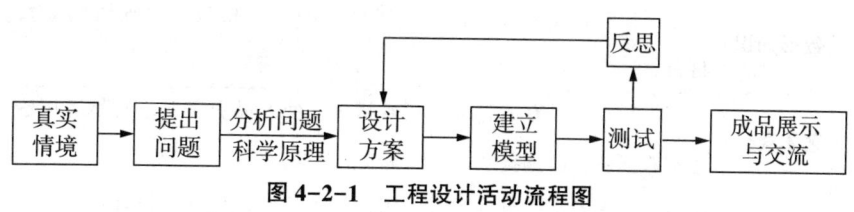

图 4-2-1　工程设计活动流程图

STEM 教育能够培养学生的自主创新能力、知识的综合运用能力、合作能力以及运用科学方法进行科学探究的能力，并因此越来越受到国内外教育工作者的重视。我校也在近年来开发并实施了小学科学 STEM 拓展课程。课程以项目化学习的方式展开，围绕"工程技术的关键是设计，工程是运用科

[①] 作者为浙江省杭州市钱塘新区景苑小学科学教师、"邵锋星名师工作室"骨干教师黄晨煜老师。

学和技术进行设计、解决实际问题与制造产品的活动"这一理念,每个学习项目分为6—8课时,每课时1小时。

本文选取"飞船安全着陆器"项目进行分析,研讨工程设计背景下的小学科学 STEM 拓展课程的设计与实施。

【案例】飞船安全着陆器

(1) 项目介绍(见表4-2-1)

表4-2-1 "飞船安全着陆器"项目介绍

核心任务	完成挑战任务:设计一个能安全着陆的宇宙飞船(杯子),从1.2米的高处落下,保证宇宙飞船(杯子)不翻倒,以及机器人(弹球)不会从飞船中掉落。
科学知识	增大空气接触面积可以有效增大空气阻力;改变材料的形状可以改变材料的缓冲特性;增大底面积可以使物体更平稳。
技术能力	能熟练运用剪刀、透明胶和双面胶对材料进行加工和组装。
工程设计	能对产品进行多种形式的创意设计,并能对产品进行多次制作、测试和反思,同时考虑节约成本。
数形知识	设计产品时,注重对称,能够保持产品的平稳性。合理运用经费和材料。
艺术美化	运用材料本身具有的色彩,巧妙搭配,使产品更美观。巧妙运用透明胶和双面胶,改善技术,达到美观的效果。
交流表达	结合设计书及平板电脑记录,用语言表达交流创意、设计理念以及产品的制作和改进过程。

(2) 工程设计教学主线（见表4-2-2）

表4-2-2　工程设计教学主线

学习目标	课题	学生活动
1. 知道界定工程问题是工程设计的第一步，进行工程问题界定。 2. 针对工程要求，按照设计的基本步骤设计产品。	1. 飞船着陆	**活动一：提出问题——聚焦** 1. 看、听人类探索月球和火星的历程，发现人类对星球的探索并不是一帆风顺。飞船着陆的过程是探索飞行器的重要过程，容易发生问题。说一说：飞船着陆失败的损失。想一想、写一写：哪些原因可能造成飞船着陆出现失误。 2. 理解挑战任务及任务注意点：用塑料杯代替宇宙飞船，弹力球代替机器人。要求从1.2米高处落下，宇宙飞船能安全着陆，并且此时机器人可以顺利出舱。写一写：挑战任务的具体内容。
		活动二：设计产品 说　说：需要哪些材料，这些材料准备如何使用。然后进行简单设计。
1. 利用工具制作简单的实物模型，并根据测试结果提出改进建议。 2. 能够对自己或他人设计的想法、草图、模型等提出改进建议，并说明理由。	2. 安全着陆了吗？	**活动三：制作和测试** 对自己小组设计的产品进行制作和测试。
		活动四：反思→再设计→再制作→再测试 对飞船着陆过程进行分析。小组再设计飞船方案，再制作，再测试，在设计书上记录过程。若需要重复活动四。
		活动五：交流总结 分享小组"设计→制作→测试→反思"的历程，归纳影响飞船安全着陆核心要素。

续表

学习目标	课题	学生活动
1. 学会用科学探究的方法来解决产品中的难点问题。 2. 通过测试，收集数据，总结一定的科学探究结论。基于有说服力的论证，改进设计方案，并进行初步的可行性和合理性分析。	3. 空气阻力与减速	活动六：降落伞的研究 1. 思考并归纳"什么样的结构可以增大空气阻力"。 2. 想一想，找一找：哪些材料可以做成降落伞。 3. 用对比实验的方法测试这些材料用作降落伞时的减速效果，发现普通A4打印纸、塑料袋和硬卡纸作为降落伞时的区别。
	4. 缓冲与平稳着陆	活动七：底面的研究 1. 把材料装在飞船底部，测试能否起到减慢下落速度的作用。感受材料装在底部增大底面面积的好处。 2. 找一找，说一说：还有哪些材料能做成较大的底面，利于平稳着陆。画出增大底面面积的设计图，交流讨论，初步确定方案的可行性。
	5. 安全着陆	活动八：缓冲——减小反弹 1. 说一说选用海绵的理由，并分析使用后的实效。 2. 尝试改变海绵厚度，测试不同海绵厚度的缓冲效果，测试哪一个厚度更适合作为缓冲垫。 3. 设计用吸管、塑料袋、纸、木棒等做成缓冲垫，并尝试效果。

续表

学习目标	课题	学生活动
1. 知道迭代是产生优秀产品的关键。 2. 尝试通过测试，不断获得改进依据，进行产品迭代。	6. 尝试更多可能	**活动九：优化着陆装置** 从增大空气阻力、增大底面面积以及增大缓冲效果三个基本方面，结合美观、成本的要求，再设计小组的飞船着陆方案，再制作，再测试，完成符合需求的产品。
1. 能够利用摄影、录像、文字与图案、绘图或实物，充分表达自己的创意与构想。 2. 根据工程问题的评价标准，公平公正对其他小组的作品开展评价。	7. 飞船会展	**活动十：评价** 小组内完成"飞船着陆装置推荐书"。并进行小组间飞船展示交流和优秀飞船投票。

（3）项目评价

在这个项目中，过程性评价包括衡量参与项目化学习过程中的工程设计的记录、小组合作时的纪律和互动程度、制作和探究时的实验习惯等方面。而终结性评价主要针对最终产品飞船着陆器的性能能否满足需要、创意是否新颖、成本控制是否合理、美观程度等方面进行评价。

基于学习活动需要明确目标导向、内化与外化相结合、借助工具中介、学习共同体和分工统一等要求，我们对小学科学 STEM 拓展课程项目"飞船安全着陆器"设计分析如下。

一、项目主题的选取

STEM 活动是以工程设计为主导的项目化学习活动，因此主题必须来源于真实世界，并且能够实现科学、技术、工程和数学的有效融合，由此实现各学科零散的知识或技能向跨学科、探究并解决真实问题的转变。在选取活动主题时，要特别关注这些问题是否具有现实性、劣构性以及吸引力。在"飞船安全着陆器"主题项目中，学生需要模拟飞船着陆，这是以中国2020年7月23日发射首颗火星探测器为背景的活动，学生要用模拟的方法完成一个符合模拟条件的飞船着陆器。在表4-2-1所示的项目介绍中，首先明确了项目中需要完成的核心任务，这相当于整个STEM活动的大问题。

二、项目目标的确立

STEM教育理念指向多学科的融合，在STEM项目化学习活动中，目标也应该是跨学科的，即不仅要关注单学科知识与技能的发展，也要关注学科之间的相互联系。在表4-2-1中，分模块罗列了体现各学科知识与能力的目标要求。

1. 科学知识

科学知识聚焦于学生在完成STEM活动核心任务的过程中所需的科学理论支撑，例如，在飞船安全着陆器的设计中，合适的缓冲材料、增大底面面积以及增大空气阻力将为飞船着陆器的成功提供支持是学生必备的科学知识。学生需要在实践中运用一定的科学探究方法来获得这些新的科学知识，并且将探究结果应用于核心任务相对应产品的设计与制作中。

2. 技术能力

技术能力罗列了学生在完成核心任务的过程中需要具备的动手操作能力或相关技术。例如，在飞船安全着陆器项目中，学生需要具备的技术能力有裁剪、粘贴、组装等方面的动手实践能力。

3. 工程设计

工程设计提出了学生在完成核心任务过程中所经历的工程设计流程。这是STEM活动中重要的、体现工程思维的流程，是STEM活动的主线。

4. 数形知识

数形主要体现了核心任务与数学知识的结合，一方面是数学测量与计算，另一方面是数学图形的特点运用。例如，在飞船安全着陆器项目中，学生需要运用对称结构进行设计，并且要反复核算小组所需材料的成本。

5. 艺术美化

艺术美化体现了在产品设计与制作过程中对美观程度的追求。一个好的产品除了要有好的性能外，也要符合大众的审美。例如，在飞船安全着陆器项目中，学生对材料的组装和胶带的使用，着陆器的外形打造，都会影响整个装置的美观程度。

6. 表达交流

表达交流聚焦于学生的社会关系的建构，包括书面与口头表达和交流、组内与组间的表达和交流。在 STEM 活动中，对工程设计流程的记录、小组的讨论以及组间的交流是重要组成部分。表达交流能够促进学生的小组合作以及项目化学习中全体学生在完成核心任务时的共同进步。

三、项目过程的展开

STEM 主题项目活动包括工程设计活动和科学探究活动两个部分。工程设计活动的起点是真实情境。因此，每一个主题项目开始，都是感受与认识真实的情境，教师需要带领学生用一定的时间去分析情境。学生认识与理解情境后，更能在学习中积极投入，对为什么要生产这样的产品有明确的认知，对最终产品所需解决的问题有更确切的把握。本案例中，工程设计活动共包括了分析真实情境、确立问题、设计方案、制作模型、测试、反思、展示交流、评价等环节，并且这些环节并不是完全直线呈现，还包含了迭代过程中的再设计、再制作、再反思。而科学探究活动将为工程设计提供科学理论依据，帮助学生完成核心任务的产品设计与制作。

STEM 活动跨越多个学科领域，注重学生的自主动手探究，活动需要大量的工具和材料作为支撑。在学习方式上，不仅有组内的自主探究，也有组间的交流与展示，相应的，教室的布置既要满足学生小组合作需要，也要满足学生展示交流的需要。在开展 STEM 活动前，我们要提前准备好有关工具和材料，并按照学生学习的需要，布置好教室。如果学校有专用的教室作为开展 STEM 活动的场地，那将为活动展开提供有力支持。

四、项目实施的评价

在 STEM 主题项目活动中，评价的目的是促进学生能够更自主、更有方向地进行项目化学习。在上述案例中，评价采用了双评价的方式，分别是过程性评价和终结性评价。过程性评价更注重学生在活动中的合作能力和习惯的评价。终结性评价更注重对学生设计与制作的产品的性能、成本、美观的评价。评价的主体包括了学生、教师，甚至也可以发展到家长。

五、思考与总结

以工程设计过程为主导的 STEM 学习在开发与实施过程中，必须关注活动自身的特点，同时也对课程实施保障提出了新的要求。

1. 项目主题来源于真实情境

真实情境是 STEM 学习的首要条件。一个优秀的真实情境能够还原现实生活，具有一定的复杂性，能够引导学生积极投入 STEM 学习活动过程中，可以培养学生解决现实问题的能力。

2. 工程设计主导

工程设计过程为学生展开 STEM 学习活动提供了路径支持。与科学探究活动不同，工程设计过程强调学生方案的设计和问题的解决，具有迭代的特点。学生在反复迭代的过程中，结合科学探究活动，逐步完成核心任务。

3. 充分给予学生动手探究的机会

STEM 项目来源于真实情境，情境本身具有劣构性，这就决定了学生在解决问题时，途径是灵活的、开放的，有多条途径能用来解决问题。学生可以根据自己小组的头脑风暴、讨论、探究的结果，给出相应的解决方案，这是学生开展小组合作实现的集体智慧。因此，在这一过程中，我们必须给予学生充分的动手探究和实践的机会，以满足学生自主学习的需要。

4. 充分的工具和材料保障

在 STEM 活动中，学生既要完成工程设计活动，又要进行科学探究活动，这些都离不开工具和材料的支持。为保证课堂中学生能够顺利展开各类活动，我们必须在课前准备好相应的工具和材料，并保证这些工具和材料的数量是足够的。当然，在这个过程中也要引导学生意识到材料是有成本的，在工程设计和科学探究活动中，教师还要尽量引导学生注意控制成本。

5. 做好学生知识和技能的铺垫

在 STEM 活动中，学生除了会用到已有的知识与技能外，鉴于真实情境相对复杂，在达成核心任务的同时，学生还需用到新的知识与技能。相比于传统的科学课教学，这一点对学生在自主学习中提出了更大的挑战。因此，在开展活动前，我们必须了解学生已有的知识与技能水平，并对学生的自主学习能力有一定程度的了解。在活动中，我们要关注并引导学生通过同伴互助、经历科学探究来获得新的知识与技能。

▶基于 STEM 理念设计单元复习课[①]

——以"能量"单元为例

单元复习课是课堂教学的重要课型。综观当前的科学复习课，大多被当

[①] 本课由浙江省杭州市钱塘新区景苑小学科学教师、"邵锋星名师工作室"骨干教师黄梦瑶老师执教并整理成文。

成已有知识、技能的重复,只注重应试技能,而忽略了能力的发展,也缺乏课堂的趣味性,导致教学无法向纵深发展。STEM教育是跨学科的综合教育,旨在培养综合型人才,尤其侧重于对问题解决的探讨和实践,锻炼学习者科学研究和问题解决能力。用STEM教育理念设计单元复习课,有助于激发学生的学习兴趣,促进他们对学科知识的迁移应用,对跨学科知识的立体建构。

教材及课标分析

"能量"单元是教科版小学《科学》六年级上册的第三单元。能量虽与我们的生活密切相关,对小学生来说却是抽象难懂的。教材从学生熟悉的电和磁出发,让学生认识到电流能产生磁性,再通过制作电磁铁来探究电磁铁的磁极和磁力大小与哪些因素有关,进而分析出小电动机是如何运转的,体验电能转化为动能的奇妙。之后的两课,学生认识了电能和其他能量形式及其相互之间的转化。单元结束时,学生探究了煤、石油、天然气等资源与太阳能之间的关系。整个单元的设计,从具体到抽象,从个别到一般,是个螺旋上升的思维发展过程。复习课需要帮助学生把生活中的许多能量联系在一起,逐步形成完整的能量概念。

《义务教育小学科学课程标准》确定的"能量"单元有关学习目标如下:知道声、光、热、电、磁都是自然界中存在的能量形式;调查和说明生活中哪些器材、设备或现象中存在动能(机械能)、声能、光能、磁能及其之间的转化。学生通过之前的学习已经知道了电能、动能等能量形式,但只有感性的认识,缺少理性的思考,对不同形式的能量及其之间的转化知之甚少。

依据学情,参考课程标准,基于STEM理念设定如下"能量"单元复习课学习目标(见表4-3-1)。

表 4-3-1　基于 STEM 理念设计"能量"单元复习课学习目标

学科	具体目标
科学	1. 说出电磁铁具有接通电流产生磁性、断开电流磁性消失的性质。 2. 体会能量之间的相互转化。
技术	1. 通过改变电池正负极接法，或改变线圈缠绕方向，从而改变电磁铁的南北极。 2. 通过改变线圈圈数和电池数量等方法，改变电磁铁的磁力大小。
工程	1. 能够设计电路，确定所需的材料。 2. 优化设计，让电磁秋千有更多的电路连接方法。
艺术	秋千能兼具美观与实用的功能。
数学	能合理安排秋千所需耗材，控制成本。

教学设计

（一）创设情境：明确设计、制作任务

1. 导入谈话：老师这里有一个小玩具电磁秋千（演示秋千前后晃动），你看到了什么现象？谁能来解释秋千为什么能一直晃动呢？

2. 学生讨论：电产生了磁。电磁铁与下面的磁铁产生了同极相斥、异极相吸的效应。

3. 提供任务：请大家利用老师提供的材料，运用所学知识设计电磁秋千。

出示制作秋千的相关要求：

（1）制作一个电磁铁，使秋千晃动起来；

（2）秋千可以独立持续晃动 5 分钟及以上；

（3）秋千每秒的晃动次数大于 1（一来一回算晃动一次）；

（4）成本控制在 40 元以下；

（5）秋千外观结构完整有序；

（6）秋千晃动平稳、连贯。

（二）工程设计：设计电磁秋千制作方案

1. 学生活动：参考任务要求，运用单元所学知识，小组讨论设计初稿。

2. 根据设计思路，选择合适的材料（见表4-3-2）。

表4-3-2　电磁秋千制作材料清单

物品名称	单价	原始数量	实际使用数量	实际成本
导线	0.5元/根	6		
磁铁	2元/个	4		
木棍	1元/根	4		
羊眼钉	0.5元/根	4		
电池盒	1元/个	2		
电池	1元/粒	4		
线圈	5元/卷	3		
底座	2元/个	1		
原始总成本		40元	实际总成本	

3. 展示设计方案：各小组成员分别从电磁学知识、美观度、耗材、功能等多方面对自己的设计图进行讲解。其他小组提出设计方案可能存在的问题，或值得自己组借鉴的优点。

4. 组内讨论，基于其他小组的意见完善设计方案。

（三）制作测试：完成电磁秋千制作

1. 根据小组成员特长，小组进行任务分工：

项目总监：负责统筹安排组内人员的工作，向组外人员介绍作品

电力工程师：负责确保作品的电路能正常有序地工作

美术工程师：负责对作品的外观进行完善

财务总监：负责合理安排耗材的使用

2. 实践操作：小组合作，按设计方案组装电磁秋千，并及时记录操作过程中遇到的问题及解决方法。

（四）交流评价：实现产品优化迭代

1. 产品交流：各小组项目总监介绍产品的功能、优点、创新之处等。其他小组以游园的形式参观，并根据"电磁秋千达成度评价表"进行评价（见表4-3-3）。

表 4-3-3　电磁秋千达成度评价表

要素	得分		
	2	1	0
电磁铁组成	电路中有电源、导线和线圈，电磁铁有磁性。	电路中有电流，但缺少一些电磁铁的必要元件，如线圈。	电路没有形成一个闭合回路。
晃动效果	秋千能独立晃动，时间长于5分钟，且每秒晃动多于1次。	秋千能独立晃动，但时间短于5分钟或每秒晃动少于1次。	秋千不能独立晃动。
秋千工艺	秋千外观结构整洁、完整、有序，晃动平稳、连贯。	秋千外观结构较为有序，晃动较平稳。	秋千外观结构混乱。
秋千成本	30—40元。	低于30元。	超过40元。

2. 参考"实践参与度评价表"，完成学生自评、互评和师评，为后期修改和完善电磁秋千的制作提供参考依据（见表4-3-4）。

表 4-3-4　实践参与度评价表

要素	得分		
	2	1	0
产品设计	完成设计,且图文结合,标注清晰,让人一目了然。	能根据要求完善设计初稿,但写得不够详细。	没有设计。
产品制作	作品与制作方案十分吻合,作品功能多样且富有创意。	作品与制作方案不太一致,但能正常工作。	作品没有完成。
分工合作	每个成员都有分工,并有组织地执行计划。	有基本的分工,但有成员没有承担任务。	没有分工,成员面对所有问题都一起解决。
展示交流	能清晰描述作品结构、设计意图、优点和改进方向。	能较清晰地描述作品结构及设计意图。	关于作品结构、设计意图表达不清晰。

在交流评价的基础上,教师提出产品进一步修改的方向,引导学生动手修改、改进,实现电磁秋千的优化迭代。

教学反思

传统的科学复习课,我们常常让学生对课本上的科学知识、实验操作过程等进行反复抄写背诵,只重视了知识目标的巩固和解题能力的训练,缺乏学生探究、创新等能力的培养。学生的学习兴趣较低,复习成效往往也事倍功半。用 STEM 教育理念设计单元复习课,有助于突破单元复习课的困境。

(一)构建知识网络,在工程项目中理解知识

学生可以在一节课的实验探究过程中,综合运用整个单元所学知识解决实际问题。教师可设计具有挑战性的一系列活动,引导学生逐步深入思考。

学生运用已有的知识和经验对当前任务进行解读和思考，而后在合作与交流中操作、探索、创新，从而构建螺旋上升的、立体的知识结构。并且，STEM教育强调学科的融合，学生可以在科学、技术、工程、艺术、数学等领域中发挥个人所长，把分散在各个学科的知识进行有机整合，从而更全面更深刻地理解知识。

（二）创新复习模式，在解决问题中发展能力

若单元复习课只有反复练习，学生将领会不到科学的真正内涵。如果能做到知识让学生自主梳理，知识网络让学生主动构建，错误让学生互动争辩，方法让学生感悟提炼，还能让学生体验到学习的乐趣，这样的复习课必定精彩。基于STEM教育理念的单元复习课，让学生在明确任务、设计图稿、验收成果中运用跨学科知识解决问题，在优化设计、评价赏析中培养批判精神，在组内交流、组间竞争中激发创新思维，同时锻炼动手能力和协作能力。

（三）探索教学变革，在STEM学习中收获成效

师生一起经历单元系统的学习后，共同完成一个STEM理念下的单元复习课，是一个再学习、再提高的过程。学生在STEM学习活动中夯实概念，寻找方法，创新制作，感悟提炼，体验乐趣。STEM理念下的单元复习课给教师和学生以新的挑战，同时也带来了新的发展空间。这样的教学模式有助于将课堂从单一的讲授式转变成有层次的探究性课堂，也有助于将复习课的重心真正地转向知识的综合建构和运用。相信在每一位科学教师的思考和研究下，科学复习课可以更加精彩和有效。

基于 UbD 理论的 STEM 课程"三段式"设计[①]
——以"超级造船师"项目为例

STEM 教育强调运用跨学科知识去解决真实情境中的问题,在实践中发展学生的知识、能力与情感。但 STEM 教育在国内的发展也出现了不少问题:

一是活动视角下的思维缺失。STEM 教育强调运用跨学科的综合知识去解决情境下的驱动性问题,在实践中发展知识与能力。然而在课程设计与编排时,常出现过于关注活动过程的设计,导致出现"学生只动手不动脑"的现象,缺乏对活动意义的深度思考。

二是技能模仿下的创新匮乏。STEM 教育强调实践与创新,重点不是仅让学生掌握某项技能、某个概念,而是在实践中获取对知识的更深理解,实现元认知、表达能力的发展和学习结果的迁移应用。但有些 STEM 学习仅停留于浅层的技能模仿上,知识、技能的深度关联被限制,创新能力的培养也被弱化。

"追求理解"的教学设计方法(Understanding by Design,以下简称"UbD")是由美国教育学家格兰特·威金斯(Grant Wiggins)和杰伊·麦克泰格(Jay McTighe)提出的以追求学生理解为本位的逆向教学设计理论。不同于以往的活动先行策略,UbD 理论强调在学生理解的前提下,对学生习得的知识、素养与技能等学习结果进行预判,确定评价手段,再反向设计教学活动。

为尝试解决上述 STEM 教育在发展中存在的问题,我们借鉴 UbD 理念开展基于逆向设计的 STEM 教育:整理学生需要内化的知识、技能与素养,实现学习结果的预设;通过多维度评估赋予创新具体导向;最终编排单元化的

[①] 作者为浙江省杭州市下沙二小科学教师、"邵锋星名师工作室"骨干教师吴开拓老师。

具体活动，实现不同情境中知识与技能的迁移。具体包括以下阶段（见图 4-4-1）。

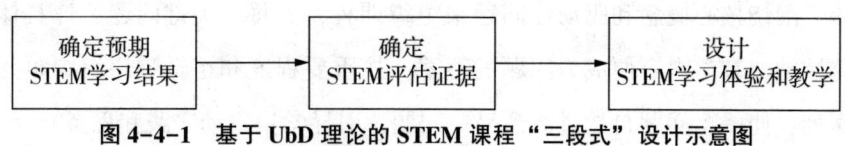

图 4-4-1 基于 UbD 理论的 STEM 课程"三段式"设计示意图

"超级造船师"是对小学科学"运动和力"单元的项目化改编，我们以该项目为例，探究逆向设计 STEM 课程"三段式"的设计路径。

一、借助核心概念，确定预期的学习结果

1. 拆解概念层级，明确目标设置

核心概念是反映学科核心内容、本质、任务，蕴含学科思想方法的关键概念。在逆向设计 STEM 课程的初始阶段，我们根据学情将核心概念拆解成不同层级的相关概念（见图 4-4-2）。在"超级造船师"项目的概念设置中，外层是学生应当熟悉的内容；中层为学生应掌握的二级重要概念，包括必备的知识技能；内层是学生要深入理解的核心概念。

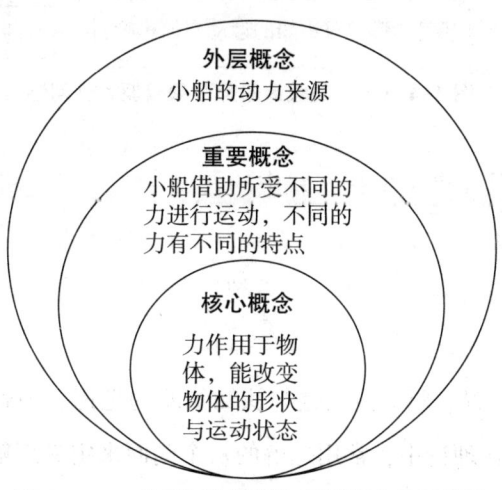

图 4-4-2 "超级造船师"项目概念分层设置

2. 提炼驱动性问题，明确理解维度

驱动性问题有助于激发学生的学习意愿，推动 STEM 课程中学习任务的开展。围绕核心概念和驱动性问题来组织课程，为每个关键问题设计具体的探究活动，教学内容便成为问题的答案。按重要程度和逻辑顺序组织单元问题序列，使一个问题自然过渡到另一问题，引导学生主动实践和思考。

依据核心概念，提炼的"超级造船师"项目驱动性问题如图 4-4-3 所示，再依据驱动性问题设置指向不同性质的力的学习任务。

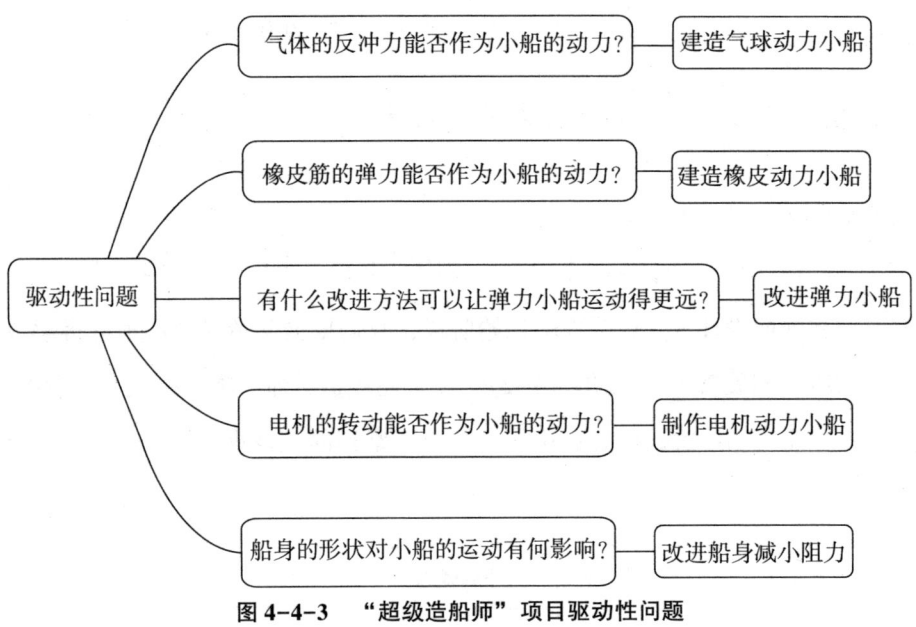

图 4-4-3 "超级造船师"项目驱动性问题

认知策略可以促进学生在实践中的深度学习。在"超级造船师"项目中，低阶认知策略指向力学知识、工具技能的学习理解；高阶认知策略指向综合应用，旨在通过对小船这一"系统"进行动力、结构等方面的综合分析，实现运动效果的改进。（见图 4-4-4）

基于对概念设置、驱动性问题与认知策略的把握，理解才有了具体的指向性框架。在 UbD 理论中，常用理解的六个侧面来定义理解维度框架，即我们要明确学生对教学过程中六个维度的诠释，分别是解释、阐明、应用、洞

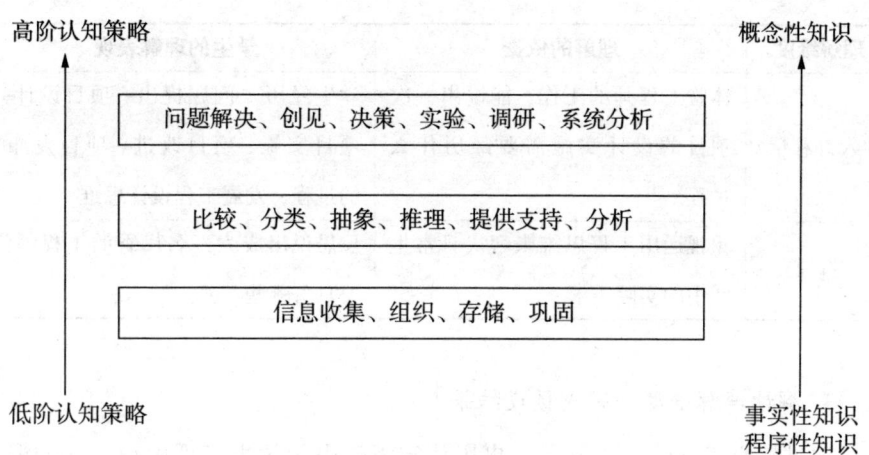

图 4-4-4　STEM 教育中的认知策略

察、神入（也可表述为"移情"）和自知。这是目标具象化与评估手段设立的依据，表 4-4-1 为"超级造船师"项目的理解维度框架。

表 4-4-1　基于 UbD 理论的"超级造船师"项目理解维度框架

理解维度	理解的依据	学生的理解表现
解释	解释小船的动力来源。	学生能分析出反冲力、弹力等不同性质的力。
阐明	根据小船运动情况进行实验与分析，总结不同力的性质。	学生能对不同性质的力进行阐述，判断力的大小以及相关影响因素。
应用	运用不同的力，设计并制作一艘运动最远、最快的小船。	学生能将不同动力系统用于对小船的改进，实现运动速度与距离的优化。
洞察	分析常见交通工具运用了哪些动力，分析这些交通工具的动力系统与结构的关系。	通过观察生活中的汽车、飞机等交通工具，判断动力来源，并说说这些动力系统在交通工具的结构上有何体现。

续表

理解维度	理解的依据	学生的理解表现
神入（移情）	体验工程师的工作，能说出一次项目的设计实施需要经历什么过程。	学生经历"问题提出—项目设计—项目实施—项目改进—项目发布"的过程，发展工程设计思维。
自知	重视运用工程思维来解决日常生活中的实际需求。	反思说出成为一名优秀的工程师需要具备哪些素养。

3. 解读理解维度，完成预设结果

通过核心概念的逐步分层，再用认知策略引领学生实现由浅入深的概念理解，最终用理解维度细化学生在技能、知识层面需要达到的各个目标，进而预测学生的学习结果。表 4-4-2 为"超级造船师"项目的学习结果预设。

表 4-4-2　基于 UbD 理论的"超级造船师"项目学习结果预设

阶段 1——预期结果	
所确定的目标：	
科学目标	1. 知道弹力、反冲力等动力可让小船运动起来； 2. 使用流线型船身可减小水的阻力，让小船运动更快。
技术目标	1. 能对所给材料与工具进行合理利用； 2. 按照设计，制作不同动力的小船模型。
工程目标	1. 根据力学知识，设计合理的小船模型； 2. 能对其他组的设计与产品做出评价，并提出改进建议。
人文艺术目标	1. 装饰小船； 2. 撰写产品介绍文本。
数学目标	1. 考虑角度、长度等数学元素设计小船； 2. 比较各小船的运动速度。
高阶认知策略	系统分析：通过对动力、阻力来源等因素的综合分析，认识小船这一"系统"内部组成部分的关系。

续表

预期的理解是什么？	基本问题有哪些？
学生将会理解…… • 核心概念：力作用于物体，可以改变物体的形状和运动状态。 • 特定理解：弹力、反冲力、电力、阻力。 • 可预见的误解：弹力和弹性的概念易混淆。	• 气体的反冲力能否作为小船的动力？ • 橡皮筋的弹力能否作为小船的动力？ • 有什么改进方法可以让弹力小船运动得更远？ • 电动机的转动能否作为小船的动力？ • 船身的形状对小船的运动有什么影响？
作为单元学习的结果，学生将会获得哪些重要的知识和技能？	
学生将会知道…… • 物体形变时恢复到原来形状而产生的力叫弹力。物体形变越严重，弹力越大。 • 电流越强，电动机运动越快，小船运动越快。 • 气体的反冲力与小船运动的方向相反，气体越多，小船运动越远。 • 流线型船身能减小水对小船的阻力。	学生将能够…… • 制作不同动力的小船，并对小船进行优化改造，使其运动得更远。 • 分析常见交通工具的动力系统。 • 对他人的小船开展积极、全面的评价。 • 经历工程设计的一般流程。

二、逆推学习目标，确定合适的评估证据

以学习目标为依据，进行评价量规设计，是优化逆向设计路径的重要举措。评估作为逆向教学设计的重要环节，一方面可有效反馈实际教学效果，另一方面也是落实目标的具体策略。在STEM教育中，评估应以表现性、形成性评价为主，注重评估的连续性与真实性，便于动态调整教学策略。基于预期学习结果与理解维度，确立评估手段。

在本项目中，评价秉承着过程和结果并重的态度，采用自评、互评等手段，囊括了学习态度、产品质量等多维度标准。表4-4-3为"超级造船师"

项目评估证据的设计。

表4-4-3 逆向设计视角下的"超级造船师"项目评估证据

阶段2——评估证据
什么能够用来证明学生实现了预期的学习目标？
表现性任务：
1. 完成弹力、反冲力等不同动力的测试实验。 2. 将不同动力系统运用到小船的设计制作中。 3. 开展竞速测试，选出最快的一组小船。 4. 开展丰富的评价活动。
根据阶段1的预期结果，要收集哪些证据？
其他证据：
1. 研究过程产生的照片、设计图等成果。 2. 根据评价表，进行自评和互评，评估自己和组员的表现。 3. 根据评价表，对其他组的成果进行准确客观的评价。 4. 说说自己的收获、未解决的问题和可改进的地方。
学生的自我评价反馈：
1. 小组合作完成各种力的探究实验等，简述相关原理。 2. 小组对动力系统进行设计，并应用到小船制作中。 3. 小组对小船进行测试，改进小船使其行驶得更快更远。 4. 小组依照评价标准，对本组以及其他组的小船进行客观合理的评价。

依据评估证据的连续性，设定评估节点。本项目在"入项—探究—开发—评价—改进"的反复推进过程中，帮助学生实现思维的循环进阶，促进产品更新迭代，最终构建"教、学、评"共生体系。依据评价节点的反复出现，给予产品与思维在创新机制上的保障，让评价成为发现证据、升华思维的过程（见图4-4-5）。

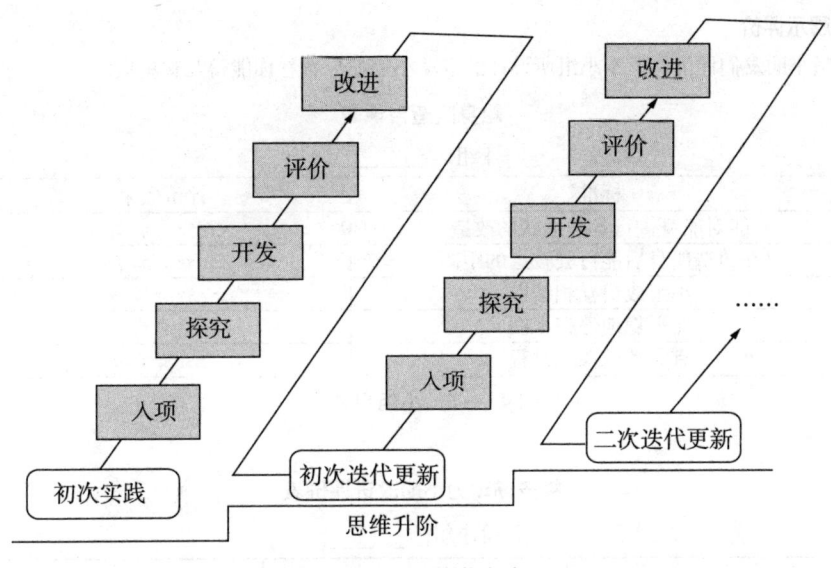

图 4-4-5 评估节点嵌入

依据评估证据的反馈性，根据产品与学生素养两个维度，开发 STEM 课程系列评价工具。利用细化的评价标准，在内容维度上为创新提供保障，给学生反思的机会，改善学习效果并梳理知识；让小组成员共同解决问题，进而转化为学生真实的发展；允许试错，鼓励学生在挫折中成长。

工程设计要基于学生日常的认知，切合实际生活需要，开发实用产品。因此评价最终需要着眼于产品的完成度，评价过程要综合考虑多种因素，如既要考虑运行平稳、安全性，也要考虑速度、行程等。根据评价来源，有自评（见图 4-4-6）与互评（见图 4-4-7）等。

三、利用 WHERETO 要素细化学习活动，关联知识技能

丰富的学习体验是协助学生融入 STEM 课程情境的重要载体。UbD 理论认为，教学的重要作用就是为学生设计良好的学习体验，帮助学生在教师引导、自主探究中深入理解抽象概念，掌握技能。

展示评价

请小朋友们评价一下本小组所设计的电动小船吧！看看你能得几颗星星！

船身改造自评表

小组：_____

标准	评价效果
能对船身进行各种形状的改造	☆☆☆☆☆
在改造船身后能行驶较远的距离	☆☆☆☆☆
小组成员互相帮助	☆☆☆☆☆
能平稳地停在水面	☆☆☆☆☆
有完整的探究过程	☆☆☆☆☆

图 4-4-6　小组自评表

橡皮筋动力小船改进评价表

评价小组：_____

组别	能行进较远的距离	能对小船进行多方位改进	能平稳地停在水平	有完善的实验探究记录	小组成员互相帮助
第一组	☆☆☆☆☆	☆☆☆☆☆	☆☆☆☆☆	☆☆☆☆☆	☆☆☆☆☆
第二组	☆☆☆☆☆	☆☆☆☆☆	☆☆☆☆☆	☆☆☆☆☆	☆☆☆☆☆
第三组	☆☆☆☆☆	☆☆☆☆☆	☆☆☆☆☆	☆☆☆☆☆	☆☆☆☆☆
第四组	☆☆☆☆☆	☆☆☆☆☆	☆☆☆☆☆	☆☆☆☆☆	☆☆☆☆☆

图 4-4-7　小组互评表

1. 依据工程设计流程，架构项目体系

在 STEM 教育中，各项目一般按如下的工程设计流程推进，包含多类活动，如设计、制作、调查等，借助学习圈、学习支架，用综合化的任务丰富学习体验，实现深入探究并完成产品开发（见图 4-4-8）。

在本项目中，以大概念"力"的理解为核心，按预期结果和评估证据，指向流程设计中所需的科学与技术素养，架构了教学框架（见图 4-4-9）。

2. 依据 WHERETO 要素，细化学习活动

活动细化设计一般以问题串和任务群的形式来连接各重要概念与基本问题，实现知识的关联与迁移。在 UbD 理论指导下的活动设计中，通常用

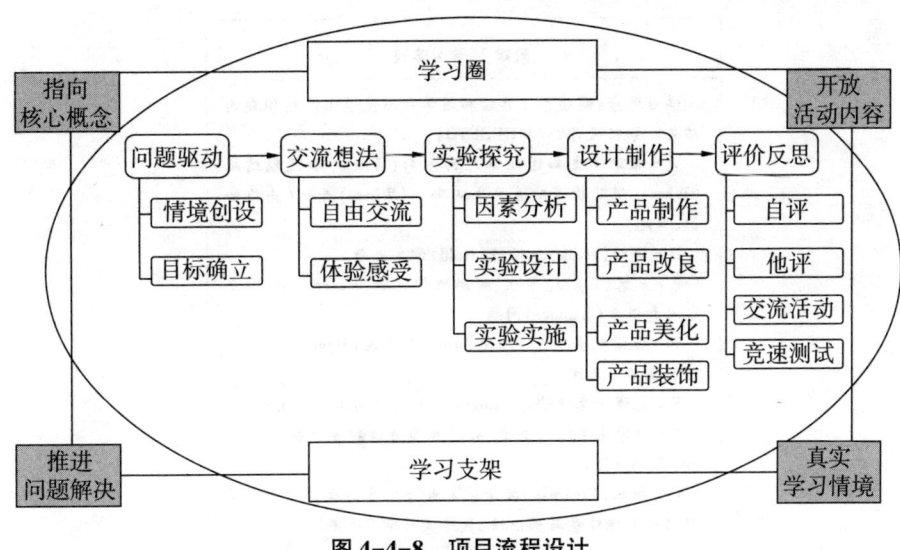

图 4-4-8 项目流程设计

图 4-4-9 "超级造船师"项目教学框架

WHERETO 要素来规范与优化学习体验活动的设计（见图 4-4-10）。

参考 WHERETO 要素，在逆向设计 STEM 课程时应注意以下三点。

> **阶段3：学习体验**
>
> 学习体验：哪些学习体验和教学能够使学生达到预期的结果？如何设计？（WHERETO）
>
> W = 帮助学生知道此单元的方向（Where）和预期结果（What），帮助教师知道学生从哪里（Where）开始（先前知识、兴趣）。
>
> H = 调动（Hook）和保持（Hold）学生兴趣。
>
> E = 武装（Equip）学生，帮助他们体验（Experience）主要观点和探索（Explore）问题。
>
> R = 提供机会去反思（Rethink）和修改（Revise）他们的理解及学习表现。
>
> E = 允许学生评价（Evaluate）他们的学习表现及其含义。
>
> T = 对学生不同的需要、兴趣和能力做到量体裁衣（Tailor）和个性化。
>
> O = 组织（Organize）教学使其最大限度地提升学生的学习动机与持续参与的热情，最终提升学习效果。

图 4-4-10　WHERETO 要素解析图

一是基于真实且明确的挑战任务。从学生角度看，学习任务必须目标明确。我们要结合预期学习结果来开发思维性的支架，注重用表现型的挑战任务和基本问题来明确单元导向，实现活动深度的螺旋上升。在本项目的逆向设计阶段1就提炼了驱动性问题，给予学习任务明确的指向，指导活动细节的生成。

二是给予个性且可选的多元空间。活动内容设计应给予学生可选择的空间，即存在不止一种完成任务的方法，提供多类型的学习实践，满足学生的多元需求。空间包括活动、个性、成果三个方面，兼顾学情的复杂性、经验的差异性、风格的多元性。

本项目预留了学生自主探索的空间（见图4-4-11）：活动空间层面包括调查、设计、制作等多类活动，个性空间层面尊重学生对学习内容的自主完善，成果空间层面则鼓励生成多载体成果，让STEM教育更具包容性。

三是内置覆盖全过程的评价体系。STEM教育强调学习过程中的知识和技能获得，因而在逆向设计视角下，STEM教育的反思重点在于对活动过程的检测和诊断，我们必须设置覆盖全过程的评价体系，配套相应评价工具、评价途径和评价主体。

4 跨学科科学教学怎样做

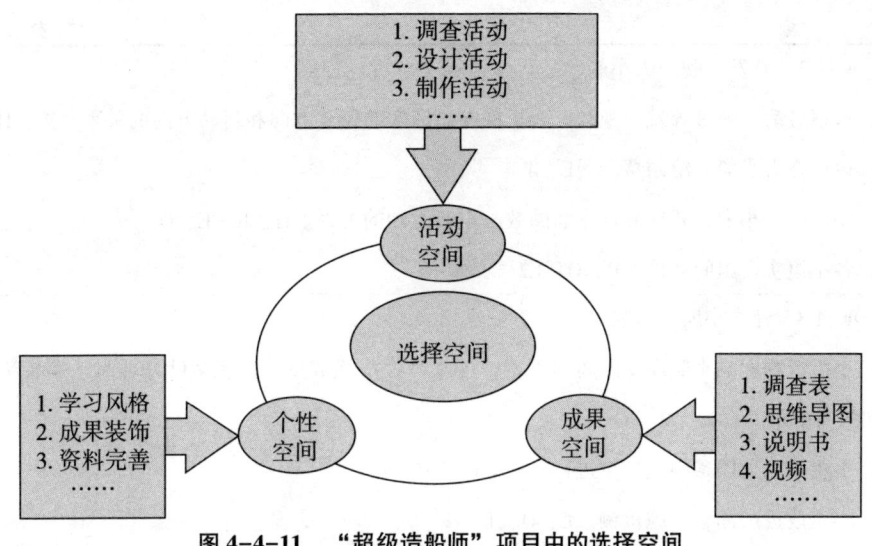

图 4-4-11 "超级造船师"项目中的选择空间

在本项目中,我们以活动评价表为导向,协助学生实时对小组成果开展监控,内嵌竞速评价、讲演评价等多时段、多主体的评价活动,促使成果往评价标准上靠拢,使学生在反思中实现小船的改良、更新与迭代。

综上,将活动框架细化,设计"超级造船师"项目单元学习计划(见表4-4-4)。

表 4-4-4 "超级造船师"单元学习计划

阶段 3——学习计划
子项目 1:做一艘喷气小船
1. 观察火箭升空等飞行器的动力视频,对动力系统进行分析。W、H
2. 利用气球感受反冲力。W、H、E
3. 设计喷气小船,绘制草图。E、T
4. 制作喷气小船,探究怎样让小船运动得更远。H、R、E、O
5. 小组交流,组内评价。R、O、E2①

---

① 指图 4-4-10 中的第二个 E,评价,余同。

续表

子项目2：开发一艘弹力小船
1. 观察弓箭、弹弓等发力视频，分析橡皮筋形变的恢复方向和运动方向的关系。W、H
2. 设计弹力小船并绘制草图。E、T
3. 制作弹力小船，并探究橡皮筋圈数与小船运动的关系。H、R、E、O
4. 各小组实行组间评价。R、O、E2
子项目3：弹力小船下水啦
1. 小组猜测影响小船运动距离的因素，可能与橡皮筋数量、螺旋桨叶片数量、螺旋桨和船身的距离有关。W、O
2. 小组从上述因素中选一个进行实验。E、W、O
3. 小组改进产品，实施检测。E、O、T、H
4. 全班总结，判断各因素会对行驶产生什么影响。R、O、E2
5. 根据总结进行改进。R、O、T、E2
6. 各小组实行组间评价。E2、R、O
子项目4：设计一般电动小船
1. 小组自由组装电路，判断这几种连接方式是否可以推动电动小船。W、H、E
2. 小组进行风力测试。W
3. 制作电动小船，并进行竞速评比。E、R
4. 各小组实行组间评价。R、E2、O
子项目5：船身大改造
1. 课前完成船身调查表，判断哪种形状的船身阻力最小。W、E
2. 设计实验：探索船身形状与阻力大小的关系。W、E、T、O
3. 进行船身改造，探索哪种形状的小船阻力最小。T、O、E
4. 各小组实行组间评价。R、E2、O

利用WHERETO要素对活动进行建构，确保能用核心概念来架构学习，通过丰富的体验活动实现各子项目间知识概念与技能的学习迁移，过程兼备连贯性与目的性。活动细化后，生成项目的具体学习材料与学习设计。

UbD 理论提供了全新的单元设计模式，它以学生对核心概念的理解为前提，采取评价先置的逆向教学设计方式，贯穿教学各环节，为 STEM 教育设计提供了全新的实践路径。在实践中，我们有如下感受。

一是以核心概念为桥梁，搭建结构化知识体系。UbD 理论将单元教学作为核心概念教学的基本单位，从宏观视角审视单元内活动与活动、问题与问题、知识与知识间的联动关系，并通过核心概念来甄别、确定具有统摄性和迁移价值的重要概念，结合 STEM 教育的情境与驱动性问题，帮助学生建构体系化的知识与技能，实现核心概念和重要概念之间的迁移。

二是以评价反馈为工具，促进教、学、评共生发展。逆向教学设计的三个环节紧密相连，形成了有机的整体，着眼于学生学习力的深度发展，倡导评价设计先于教学活动设计，提倡评价嵌入教学过程，成为诊断和驱动教学的工具，注重实时与量化多元评价，最终构建"教、学、评"一体化的共生系统，教学俨然成为发现证据的过程。

▶ "家·校·社"三位一体：提升小学生科学素养的拓展性主题活动的设计与实施[①]

小学科学课程是一门以培养科学素养为宗旨的基础性、综合性、实践性课程。针对培养科学素养缺乏实践操作的校本路径、科学学习与科学实践相互脱节、科学学习的实践场地相对缺乏等现状，我们以科学普及站、探十二科技站、科学特色站等社区科学学习场域为载体，整合多学科知识，设计和

---

① 作者为浙江省建德市新安江第一小学科学教师、"邵锋星名师工作室"骨干教师吴树生老师。

实施丰富的拓展性主题活动，提升小学生的科学素养。

一、"家·校·社"三位一体提出的缘由

1. 培养科学素养缺乏实践操作的校本路径

《义务教育小学科学课程标准》提出了发展学生科学素养的目标，但是具体如何培养学生的科学素养，我们还需要明确的实施途径。目前的课程与教学设计也未能很好地关注培养学生科学素养的策略，缺乏适合自身条件的、可行的校本创新路径。

2. 科学学习与科学实践相互脱节

从科学教学现状来看，小学生除了在课堂完成主要的学习活动以外，很少参与课外实践活动，即使有时参加了一些课外活动，也往往是孤立的、零散的，与学生科学学习的目标没有形成一个有机的整体，造成了小学生科学学习与科学实践相互脱节的现象。

例如，科学教材中有关于水资源考察的学习，课堂上教师引导学生进行了考察水资源的研究方法、选择探索工具、撰写研究报告等各项关于水资源考察的学习。但是由于安全的因素、时间的问题、空间的限制等，对水资源考察的实践活动常常是不了了之，或形式单一、内容粗浅、成效甚微。科学学习与科学实践相互脱节，与发展小学生科学素养的目标背道而驰。

3. 科学学习的实践场地相对缺乏

各个学校的科学实践场地、探究基地往往比较匮乏，很多探究活动在校内无法完成。而借助周边的水电站、博物馆、企业等学习基地，既解决了场地的局限问题，又很好地完成了相应的科学学习。因此，利用好学校周边、县市区域内的资源进行科学实践学习，具有十分重要的意义。

二、"家·校·社"三位一体拓展性主题活动提升小学生科学素养的研究分析

"家·校·社"三位一体系为提升小学生科学素养创设的校本创新载体，以科学普及站、探十二科技站、科学特色站等社区科学学习场域为载体，整合语文、数学、美术学科教学中的相关知识，设置丰富的拓展性主题活动，通过实地考察、现实体验、主题实践、项目化学习、家庭小实验等多种学习方式，切实提升小学生的科学素养。

1. 学校地域优势、科技特色等为"家·校·社"三位一体主题活动提供基础

浙江省建德市新安江第一小学坐落在新中国第一座自行设计、自行施工、自制设备的大型水电站——新安江水电站附近。源于学校的历史背景和独特的地理位置，我校的部分学生家长是有着高科技水平的设计师、建造师，他们在科学素养的家庭教育方面也有着独特的优势。

近年来，我校科学教育工作成效明显。学校2006年顺利成为市级首批科技教育特色学校，2015年被评为浙江省科普工作先进集体，"探十二"科技社团2010年被评为市级首届"创意"科技社团。

2. "家·校·社"三位一体主题活动提供了科学实践的场地

科学探究活动尤其是实践活动需要借助一定的载体、基地、场地、站点等场所，给予儿童探究上的空间。如果学生有了更加广阔的探究实践场地，自然就能收获更丰富的探究体验。"家·校·社"三位一体结合了科学普及站、探十二科技站、科学特色站等三大站点，整合了学校内的生命体验馆、文化展示厅等场馆，链接了家庭资源，并与校外的新安江水电站、农夫山泉厂区等基地建立了相关的合作，让学生从校内走向校外，所有的"站点"都成了学生们科学学习的重要场所。

3. "家·校·社"三位一体主题活动丰富了学生学习的方式

单一的学习方式不能顺应课程改革的需要,满足不了学生、家长、社会、学校的需求,"家·校·社"三位一体拓展性主题活动通过实地考察、现实体验、主题实践、项目化学习、家庭实验等多种学习方式,能够激发学生的探究欲望,使小学生的科学学习变得更加立体,更有意义,更有收获。

三、"家·校·社"三位一体拓展性主题活动的设计

(一)"家·校·社"三位一体拓展性主题活动的目标设计

表 4-5-1 "家·校·社"三位一体拓展性主题活动的目标设计

站点		年级	学习方式	目标
基础站	科学普及站	1—6	实地考察 现实体验 主题实践 家庭实验	1. 形成乐于探究、实事求是的科学意识。 2. 建立亲近自然、关爱生命的积极情感。 3. 认识周围世界和现象,获取必要的科学经验与知识;懂得科学与生活的密切联系;形成敢于质疑、乐于创新、自主自律、专注钻研的学习品质等。
	科学特色站			
提高站	探十二科技站	高年级段	解决问题的项目化学习	1. 形成乐于探究、实事求是的科学意识。 2. 掌握一定的科学研究方法,并具备一定的科学研究能力。 3. 提升探究能力;提升环保意识和关爱生活的意识;提升学习能力和方法;培养良好的学习品质和精神。

（二）"家·校·社"三位一体拓展性主题活动的内容设计

表 4-5-2 "家·校·社"三位一体拓展性主题活动的内容设计

学习站	站点	实施要素	内容设置
科学学习站	科学普及站	1. 基于项目的实施 2. 基于社团的实施 3. 基于活动的实施 4. 基于基地的实施 5. 基于评价的实施	1. 科学阅读 2. 科学制作 3. 科学发现 4. 家庭小实验
	探十二科技站		1. 神奇的水世界 2. 神秘的微观世界 3. 学做小小设计师 4. 溯源新安船
	科学特色站		1. 生命体验馆 2. 新安江水电站实践营

（三）"家·校·社"三位一体拓展性主题活动的管理设计

表 4-5-3 "家·校·社"三位一体拓展性主题活动的管理设计

站点	实施要素	场地与管理	组织运作	评价
科学普及站	1. 基于项目的实施 2. 基于社团的实施 3. 基于活动的实施 4. 基于基地的实施 5. 基于评价的实施	1. 家庭小实验 2. 科学长廊 3. 科学阅读机	1. 年级组 2. 教导处	1. 家长 2. 年级组 3. 教导处
探十二科技站		1. 社团教室 2. 新叶古民居 3. 九姓渔船基地	1. 科学组 2. 年级组	1. 年级组 2. 教导处 3. 德育处
科学特色站		1. 生命体验馆 2. 大坝文化展示厅 3. 农夫山泉厂区 4. 新安江水电站	1. 教导处 2. 安保处 3. 基地单位	1. 年级组 2. 教导处 3. 德育处 4. 基地单位

四、"家·校·社"三位一体拓展性主题活动的实施

"家·校·社"三位一体拓展性主题活动的实施具体通过基于项目的实施、基于社团的实施、基于活动的实施、基于基地的实施和基于评价的实施五大实施要素展开。

(一) 基于项目的实施（以"神奇的水世界"项目为例）

1. 考察体验——探秘神奇的 17 ℃新安水

水体考察。在"新安江水资源"考察实践活动中，学生采集水样，测量水温，填写好记录单，并把采集的水样带回学校，进行检测。

水质检测。学生把各地采集的水样送到市环保局，在环保局水体分析室技术员的指导下自己动手进行化验分析，学生学会了pH、溶解氧、浑浊度等指标的检测。

【案例1】2019年6月新安江水资源考察水样化验与分析

(见表4-5-4和表4-5-5)

表4-5-4 2019年6月"关注水资源"考察活动水样化验与分析

采样地点	温度/摄氏度	pH	溶解氧/（毫克/升）
千岛湖石林	17	6.41	9.6
小龙半岛	30	7.25	8.94
新安江大坝下	16	7.05	8.36
江滨公园	16.5	7.0	10.91
梅城码头	30	7.02	5.88
胥江野渡	29	7.0	4.97

表4-5-5 2019年夏令营水资源考察记录表

水域名称	七里泷					寿昌江	新安江	
取水时间	7月4日 10:40	7月4日 12:48	7月5日 8:10	7月5日 9:20	7月5日 10:30	7月5日 10:50	7月5日 10:40	7月5日 10:40
取水地点	桐庐龙门湾	子胥渡口	葫芦湾	三江口	码头	汪家	江滨公园	水电站
水域周围的环境	两岸青山	靠近村庄	两岸青山,有许多船只	三江汇合城镇	船只停泊	两岸青山,有村庄	南岸青山,北岸坡镇	南岸青山,有大坝
污水排放情况	有	有	无	无	有	有	无	无
水中生物	鱼、水葫芦	水葫芦、鱼、水草	水葫芦、鱼、水草	水葫芦、鱼、水草	鱼、水葫芦	小鱼	鱼、水草	无
水上漂浮物	木块、泡沫	垃圾	垃圾	垃圾	包装袋	包装袋	无	无
水质情况 颜色	浅绿	深绿	浅绿	浅绿	浅绿	偏黄	绿	绿
水质情况 气味	腥味	臭味	腥味	无	无	腐臭	清新	清新
水质情况 浑浊度	5.35	5.86	5.72	9.7	8.03	8.64	3.86	3.51
水质情况 pH	6.997	6.912	6.885	6.18	7.156	8.312	6.972	6.932
水质情况 水温/摄氏度	24	29.5	23	25	29	29	16	16
水质情况 溶解氧/(毫克/升)	7.4	6.55	7.63	7.38	7.93	7.86	8.03	8.06
水质总体评价	差	差	差	较差	较差	差	好	很好

通过对以上水资源的考察,学生使用自己采集水资源的检测数据进行研究分析,形成研究报告。在活动中,学生通过亲历探究,逐步形成了实事求是的科学意识、数据意识、实证意识、环保意识等,也充分拓展了学生的科学知识,提高了学生的科学学习能力。

2. 家校合作——家庭小实验

小学生家庭中的庭院、厨房、种植养殖场所等,拥有丰富的科学学习资源,开展家庭小实验探究,是发展学生科学素养的有效路径。

【案例2】小学生"家庭小实验"课程纲要(内容部分)(见表4-5-6)

表4-5-6 小学生"家庭小实验"课程纲要(内容部分)

一年级	二年级	三年级	四年级	五年级	六年级
在气球里奔跑的硬币	硬币叠罗汉	彩色水流瀑布	面粉能有多危险	气球吸杯子	水中吊冰
哪个气球会爆炸	磁铁推葡萄	水吸乒乓球	花露水能有多危险	气球风火轮	隔空点蜡
烧不爆的气球	漂浮的绣花针	跳水的鸡蛋	短路有多危险	大球和小球	会跳舞的硬币
自制炫酷灯	泡泡掌上明珠	跳舞的红豆	拖住水的纸	控制气球	自制空气炮
自制鸡尾酒	水中陀螺	光盘碰碰车	漏进但不漏出的水	吹不灭的蜡烛	非牛顿流体
自制泡泡水	可乐火山	猴子翻跟头	冷水和热水不相溶	神奇的箭头	能立在纸上的硬币
让玻璃不起雾	纸筒立正	彩虹泡泡龙	小小灭火器	听话的回形针	消失的玻璃杯
牙签五角星	乒乓球搬家	筷子能提米	保护蜡烛	魔法竹签	模拟肺呼吸

续表

一年级	二年级	三年级	四年级	五年级	六年级
彩虹精灵	乒乓球趣味投框	吸水蜡烛	区分生熟鸡蛋	空气捏扁易拉罐	公平杯
环保文身贴	好饿的毛毛虫	指尖立飞鸟	1+1≠2	绳子拉瓶子	不会下落的水
沉入水底的蜡烛不熄灭	神笔马良	纸杯风力仪	隐形字	打不倒的硬币	让木棒立起来

（二）基于社团的实施（以"桐木设计院"社团的实施为例）

社团活动能够有效促进学生的全面发展。为了提升小学生科学素养，我们基于社团展开"家·校·社"三位一体拓展性主题活动的实施。

随着《义务教育小学科学课程标准》的实施，工程与技术内容正式纳入小学科学课核心领域。"桐木设计院"社团基于对明清古建筑基地——新叶古民居的参观学习，从模型入手，通过对建筑模型的设计与制作，帮助学生体会到"做"的成功和乐趣，培养学生创造性解决问题的能力（见表4-5-7）。

表4-5-7 "桐木设计院"社团内容设置

单元及主题	课程内容	课时
起始课	分享《课程纲要》，熟悉认识工具材料	1
欣赏建筑	欣赏古今中外有特色的建筑及园林	1
	认识框架结构的基本形状与结构	2
建筑中的科学	斜面和角的认识	1
	量角度	3
	制作不同角度的斜面	
模型与方案设计	设计理想中的建筑模型及零部件加工方案	2
建筑基本零件制作	做框架：三角形、四边形等	8
建筑模型拼接	将前期制作的零件拼接成模型	4

续表

单元及主题	课程内容	课时
后期美化与调整	布局合理、比例合适、整体协调	4
调整布局	修改、讨论自己的模型	4
展示交流		2

(三) 基于活动的实施

学校组织开展各类活动,强调每一名学生自愿参与、主动参与、协调分工等,充分发挥学生的个性。在活动过程中,学生的主体作用得到了充分发挥,科学知识得到拓展,科学素养不断提升。

1. 开设科技活动,拓展科学探究宽度

校园科技节是学校提升学生科学素养的有效路径之一,我们坚持每学期开展科技节活动,并在发展中求创新。

(1) 传统活动实践焕新。传统的科技类活动包括:讲一个科学家故事;每班出一期专题黑板报;每人办一份科技小报;每人搜集一条科技生活小常识;每人写一篇学习、运用科技知识的体会文章或观察日记、小论文;每人制作一件科技小作品;举办一场科技作品展览;举办一次科技知识竞赛;评选一批科技小能手。此外,学校还开展建模、航模、海模、车模比赛,电子百拼制作竞赛、科学知识竞赛、小制作、小发明、科学小论文等活动。同时还组织开展"亲子科技"活动,邀请家长来校与孩子一起制作飞机模型,与孩子一起放飞飞机模型,不仅培养了学生的动手动脑能力,还增进了孩子与家长的感情。

【案例3】科技节胡萝卜叠高塔活动

预赛规则:以胡萝卜及牙签为原材料,每班组织班内学生进行叠高塔活动。以4人为一小组,自由搭配,开展活动,在限时40分钟内搭出的塔越高的小组越优秀。各班推选成绩最优秀的两个组参加校决赛。

决赛规则：

决赛比赛地点为学校操场，具体要求如下：

1. 萝卜总重量不超过 1 千克。

2. 建塔时间 40 分钟。

3. 在操场上划出比赛区域，听裁判口令后统一入场，结束指令发出后各参赛选手必须离开比赛场地。

4. 裁判评定成绩后，由各参赛队员负责清理好场地上的材料。

（注：场地整洁分将计入参赛总成绩中。）

评分标准：本项目比赛成绩由塔高高度、牢固性与场地清理情况等部分组成。

（2）创意类活动与时俱进。创意类活动既保留了传统的科技项目，比如：纸飞机比赛、科学幻想画、科技小制作等，同时增设了纸飞行器团体接力比赛和电脑编程项目比赛，这些项目也是市级科技节比赛的内容。最终我校参加的省、市级纸飞行器团体接力比赛和电脑编程项目比赛均获得优异成绩。

2. 创设主题活动，延展科学探究深度

主题探究学习亦称研究性学习，是人们在总结发现式学习和有意义学习的经验基础上提出的一种以学生自主探究为主的学习方式。这一学习方式的出现，在学校教学领域引起了一场"学习的革命"，包括"专题式学习""任务式学习"等，已经成为学生学习的重要方式。

主题活动是学校开展教育活动最常见的形式之一。"交通工具与我们的生活"主题活动有效促进了学生对力学、电学、环境保护等知识的学习和理解，延展了小学生科学探究的深度。

【案例4】"交通工具与我们的生活"主题活动方案

一、活动主题：交通工具与我们的生活。

二、活动目标：调查了解不同的交通工具，探究它们的工作原理，了解不同交通工具的优缺点。

三、活动方式：参观考察、查阅资料、科学报告等。

（四）基于基地的实施

学校根据校内外的资源，建立了生命体验馆实践基地、新安江水电站实践基地、大坝文化展示厅、农夫山泉实践基地等诸多校内校外科学实践基地。以学生为本，立足课内外结合，立足生活领域，深入生活实际，让学生走出校门，走进社区，走进社会实践基地，亲近自然，使课堂与生活、与社会联系。科学利用实践基地，为学生搭建科学实践的平台，这是实现学生科学素养提升的有效实施策略。

1. 依托校内生命体验馆开展参与体验式学习

学校的生命体验馆于2016年8月开始设计，2017年10月建成并投入使用。整个体验馆由7个主题展区26个展项组成，包括智能互动机器人、人防微课堂、应急预案与疏散演练区、空袭与自然灾害逃生自护体验区、身边的地下长城、心灵驿站、灾后重建等区域。每个展区内容相对独立，通过多媒体交互技术和智能化自动控制，让学生沉浸在音效、图像、光线交互的氛围中，让学生在体验中开展学习。

全校各年级的学生按照规定的时间、学习主题、课程内容进入生命体验馆开展学习活动，保证每一名学生都参与体验学习。同时，针对不同年级学生的年龄特点开展具有针对性的评比活动：三年级开展绘画比赛，四年级开展摄影比赛，五年级开展手抄报评比，六年级开展体验征文评比。体验式学习活动极大提高了学生参与的热情，拓展了生命科学的知识和技能。

学校的生命体验馆作为我市的人防体验场馆，除了本校的师生、家长参与学习之外，还承接兄弟学校的学生、市民来体验学习。为此，我们培养了一批小小解说员，为前来参与体验的师生、市民进行必要的讲解，不仅让参与体验的学习者可以更加清晰地了解体验馆的内容、流程等，也促进了讲解员的表达能力及与人沟通能力的提升。

2. 借助校外实践营开展参观考察式学习

作为新中国第一座自行设计、自制设备、自己施工建造的大型水力发电站，新安江水电站的展示厅资料翔实、内容丰富，既展现了我国劳动人民可贵的探索实践精神，也包含着水力发电、地壳岩层、大坝结构等丰富的科学知识。农夫山泉矿泉水利用新安江水电站特定地理环境下优质的水资源获得成功，成为"中国名牌"。我们与基地单位协作，成立了新安江水电站实践营，开展参观考察式学习，学历史、学知识、学探究，让科学精神滋养小学生的心灵。

学校的多元化科学实践基地，学习形式丰富多样，提升了学生多维度的科学素养。

（五）基于评价的实施

"家·校·社"三位一体拓展性主题活动的评价，以评比"科学小院士"为主要抓手，建立了"牛顿学子""伽利略学子"等单项奖励和"科学小院士"综合奖励的评价体系。评价体系既考虑了科学探究各阶段的实施，同时又在各个单项奖励的同时兼顾了评价方向的侧重选择以发现和培养学生的科学素养。（见表4-5-8）

表4-5-8 "科学小院士"评价表

科学小院士名称	牛顿学子	伽利略学子	哥白尼学子	爱迪生学子	列文虎克学子
评价方向与侧重	发现问题、提出问题等	甄别运用工具、设计研究方案等	思辨、实证记录单	动手实践作品、实践考核等	成果展示、研究报告等

例如，获得"伽利略学子"需要学会甄别运用工具、设计研究方案等。在"可爱的草履虫"项目学习中，要求学生通过采集自然界中不同水域的水样，寻找生活在其中的草履虫，初步认识草履虫的模样，观察草履虫的运动

情况，认识草履虫的运动器官，以及它们可能的生活环境等。

总之，通过"家·校·社"三位一体拓展性主题活动的设计与实施，丰富了学生的科学知识，发展了学生的探究实践能力，培养了学生的科学精神，学生的科学素养得到有效提升。

参考文献

[1] 张红霞. 小学科学课程与教学 [M]. 2版. 北京:高等教育出版社,2010.

[2] 陈华彬,梁玲. 小学科学教育概论 [M]. 北京:高等教育出版社,2003.

[3] 袁维新. 科学教学通论 [M]. 北京:人民出版社,2013.

[4] 吴亚萍. 学科教学育人价值的开发与转化 [J]. 人民教育,2016(Z1):45-50.

[5] 蔡铁权,姜旭英,胡玫. 概念转变的科学教学 [M]. 北京:教育科学出版社,2009.

[6] 德赖弗,盖内,蒂贝尔吉安. 儿童的科学前概念 [M]. 刘小玲,译. 上海:上海科技教育出版社,2008.

[7] 应向东. 从"掌握科学"到"理解科学":关于深化高等教育理科课程改革的思考 [J]. 高等教育研究,2006(3):69-73.

[8] 刘家亮,赵建华,吴向东. 基于思维建模的概念学习过程探析:以小学科学课为例 [J]. 现代教育技术,2011(5):53-56.

[9] 史柏良. 小学科学教学中的前概念及教学对策 [J]. 教学与管理,2009(23):36-37.

[10] 兰本达,布莱克伍德,布莱德温. 小学科学教育的"探究—研讨"教学法 [M]. 陈德彰,张泰金,译. 刘默耕,校. 陈德彰,重校. 北京:人民教育出版社,2008.

[11] 张瑞芳. 小学科学高阶思维活动的设计、实施与评价 [M]. 上海:上海科技教育出版社,2018.

[12] 韦钰,罗威. 探究式科学教育教学指导 [M]. 北京:教育科学出版社,2005.

[13] 邵巍,叶蓓蓓. 小学低年级科学探究性学习策略实践与研究 [J]. 现代教育,2018(12):59-60.

[14] 蔡铁权,叶梓. 科学教育中的"思维旅行" [J]. 全球教育展望,2012(5):67-72.

[15] 陈如平,李佩宁. 美国STEM课例设计(小学卷) [M]. 北京:教育科学出版社,2018.

科学教师推荐阅读书单

序号	书名	作者
1	教会学生探究	约翰·巴雷尔，姚相全
2	教会学生思考（第2版）	苏·考利，徐卫红
3	教会学生创造	苏·考利，王漠琳
4	合作学习有讲究	R. 布鲁斯·威廉姆斯，谭文明
5	高阶思维培养有门道	R. 布鲁斯·威廉姆斯，刘静
6	学习性评价行动建议200条	伊恩·史密斯，剑桥教育（中国）
7	美国STEM课例设计（小学卷）	陈如平，李佩宁
8	STEM教育这样做	王素，李正福
9	项目化学习设计：学习素养视角下的国际与本土实践	夏雪梅
10	项目化学习的实施：学习素养视角下的中国建构	夏雪梅
11	项目化学习工具：66个工具的实践手册	夏雪梅 等
12	PBL跨学科经典案例：太空探索"家"	吴萍，易宛兰，刘潇
13	像科学家一样思考：怎么做？怎么教？	马冠中
14	"中国STEM教育2029行动计划"丛书	王素 等
15	科学论证怎样教？——帮助学生构建科学解释	卡拉·泽姆巴尔-索尔，何燕玲，孙慧芳

即将推出：

- 《教学生科学：一场探索之旅》（原著第9版）唐纳德·德罗萨 等 著；余力 译